El Rosario

CON EL OBISPO ROBERT BARRON

Publicado por Word on Fire, Park Ridge, IL 60068

Impreso en los Estados Unidos de América

Publicado por primera vez en febrero de 2021
Reimpreso en agosto de 2024

ISBN: 978-1-943243-92-1

Library of Congress Control Number: 2020926044

Índice

Introducción al Rosario

Papa San Juan Pablo II

El Rosario de la Virgen María, difundido gradualmente en el segundo Milenio bajo el soplo del Espíritu de Dios, es una oración apreciada por numerosos Santos y fomentada por el Magisterio. En su sencillez y profundidad, sigue siendo también en este tercer Milenio apenas iniciado una oración de gran significado, destinada a producir frutos de santidad. Se encuadra bien en el camino espiritual de un cristianismo que, después de dos mil años, no ha perdido nada de la novedad de los orígenes, y se siente empujado por el Espíritu de Dios a "remar mar adentro" (¡duc in altum!), para anunciar, más aún, 'proclamar' a Cristo al mundo como Señor y Salvador, "el Camino, la Verdad y la Vida" (Jn14, 6), el "fin de la historia humana, el punto en el que convergen los deseos de la historia y de la civilización".

El Rosario, en efecto, aunque se distingue por su carácter mariano, es una oración centrada en la cristología. En la sobriedad de sus partes, concentra en sí la profundidad de todo el mensaje evangélico, del cual es como un compendio.[2] En él resuena la oración de María, su perenne Magnificat por la obra de la Encarnación redentora en su seno virginal. Con él, el pueblo cristiano aprende de María a contemplar la belleza del rostro de Cristo y a experimentar la profundidad de su amor. Mediante el Rosario, el creyente obtiene abundantes gracias, como recibiéndolas de las mismas manos de la Madre del Redentor. . . .

La contemplación de Cristo tiene en María su modelo *insuperable*. El rostro del Hijo le pertenece de un modo especial. Ha sido en su vientre donde se ha formado, tomando también de Ella una semejanza humana que evoca una intimidad espiritual ciertamente más grande aún. Nadie se ha dedicado con la asiduidad de María a la contemplación del rostro de Cristo. Los ojos de su corazón se concentran de algún modo en Él ya en la Anunciación, cuando lo concibe por obra del Espíritu Santo; en los meses sucesivos empieza a sentir su presencia y a imaginar sus rasgos. Cuando por fin lo da a luz en Belén, sus ojos se vuelven también tiernamente sobre el rostro del Hijo, cuando lo "envolvió en pañales y le acostó en un pesebre" (Lc 2, 7).

Desde entonces su mirada, siempre llena de adoración y asombro, no se apartará jamás de Él. Será a veces una *mirada interrogadora*, como en el episodio de su extravío en el templo: "Hijo, ¿por qué nos has hecho esto? " (Lc 2, 48); será en todo caso una *mirada penetrante*, capaz de leer en lo íntimo de Jesús, hasta percibir sus sentimientos escondidos y presentir sus decisiones, como en Caná (cf. Jn 2, 5); otras veces será una *mirada dolorida*, sobre todo bajo la cruz, donde todavía será, en cierto sentido, la mirada de la 'parturienta', ya que María no se limitará a compartir la pasión y la muerte del Unigénito, sino que acogerá al nuevo hijo en el discípulo predilecto confiado a Ella (cf. Jn 19, 26-27); en la mañana de Pascua será *una mirada radiante por la alegría de la resurrección* y, por fin, una mirada ardorosa por la efusión del Espíritu en el día de Pentecostés (cf. He 1, 14).

María vive mirando a Cristo y tiene en cuenta cada una de sus palabras: "Guardaba todas estas cosas, y las meditaba en su corazón" (Lc 2, 19; cf. 2, 51). Los recuerdos de Jesús, impresos en su alma, la han acompañado en todo momento, llevándola a recorrer con el pensamiento los distintos episodios de su vida junto al Hijo. Han sido aquellos recuerdos los que han constituido, en cierto sentido, el 'rosario' que Ella ha recitado constantemente en los días de su vida terrenal.

Y también ahora, entre los cantos de alegría de la Jerusalén celestial, permanecen intactos los motivos de su acción de gracias y su alabanza. Ellos inspiran su materna solicitud hacia la Iglesia peregrina, en la que sigue desarrollando la trama de su 'papel' de evangelizadora. *María propone continuamente a los creyentes los 'misterios' de su Hijo*, con el deseo de que sean contemplados, para que puedan derramar toda su fuerza salvadora. Cuando recita el Rosario, la comunidad cristiana está en sintonía con el recuerdo y con la mirada de María.

El Rosario, precisamente a partir de la experiencia de María, es *una oración marcadamente contemplativa*. Sin esta dimensión, se desnaturalizaría, como subrayó Pablo VI: "Sin contemplación, el Rosario es un cuerpo sin alma y su rezo corre el peligro de convertirse en mecánica repetición de fórmulas y de contradecir la advertencia de Jesús: "Cuando oréis, no seáis charlatanes como los paganos, que creen ser escuchados en virtud de su locuacidad" (Mt 6, 7). Por su naturaleza el rezo del Rosario exige un ritmo tranquilo y un reflexivo remanso, que favorezca en quien ora la meditación de los misterios de la vida del Señor, vistos a través del corazón de Aquella que estuvo más cerca del Señor, y que desvelen su insondable riqueza". . . .

El Rosario propone la meditación de los misterios de Cristo con un método característico, adecuado para favorecer su asimilación. Se trata del método basado en la repetición. Esto vale ante todo para el Ave Maria, que se repite diez veces en cada misterio. Si consideramos superficialmente esta repetición, se podría pensar que el Rosario es una práctica árida y aburrida. En cambio, se puede hacer otra consideración sobre el Rosario, si se toma como expresión del amor que no se cansa de dirigirse a la persona amada con manifestaciones que, incluso parecidas en su expresión, son siempre nuevas respecto al sentimiento que las inspira.

En Cristo, Dios ha asumido verdaderamente un "corazón de carne". Cristo no solamente tiene un corazón divino, rico en misericordia y perdón, sino también un corazón humano, capaz de todas las expresiones de afecto. A este respecto, si necesitáramos un testimonio evangélico, no sería difícil encontrarlo en el conmovedor diálogo de Cristo con Pedro después de la Resurrección. "Simón, hijo de Juan, ¿me quieres?" Tres veces se le hace la pregunta, tres veces Pedro responde: "Señor, tú lo sabes que te quiero" (cf. Jn 21, 15-17). Más allá del sentido específico del pasaje, tan importante para la misión de Pedro, a nadie se le escapa la belleza de esta triple repetición, en la cual la reiterada pregunta y la respuesta se expresan en términos bien conocidos por la experiencia universal del amor humano. Para comprender el Rosario, hace falta entrar en la dinámica psicológica que es propia del amor.

Una cosa está clara: si la repetición del *Ave Maria* se dirige directamente a María, el acto de amor, con Ella y por Ella, se dirige a Jesús. La repetición favorece el deseo de una configuración cada vez más plena con Cristo, verdadero 'programa' de la vida cristiana. San Pablo lo ha enunciado con palabras ardientes: "Para mí la vida es Cristo, y la muerte una ganancia" (Flp 1, 21). Y también: "No vivo yo, sino que es Cristo quien vive en mí" (Ga 2, 20). El Rosario nos ayuda a crecer en esta configuración hasta la meta de la santidad.

Papa Juan Pablo II, *Rosarium Virginis Mariae*, 1, 10–12, 26, carta apostólica, Sitio Web del Vaticano, 16 de octubre, 2002, http://www.vatican.va/content/john-paul-ii/en/apost_letters/2002/documents/hf_jp-ii_apl_20021016_rosarium-virginis-mariae.html.

Cómo Rezar el Rosario

Obispo Robert Barron

La oración del Rosario en verdad consiste en una serie de oraciones más pequeñas, que lleva alrededor de veinte minutos rezar. En esta breve introducción, las revisaremos juntos; sin embargo, todas las oraciones necesarias también aparecen en cada una de las cuatro secciones principales de este libro.

Primero, sostienen el rosario y comienzan con la señal de la cruz:

En el nombre del Padre, y del Hijo, y del Espíritu Santo. Amén.

Luego, sosteniendo el crucifijo del rosario, rezan el antiguo Credo de los Apóstoles, que es un resumen de nuestras promesas bautismales:

Creo en Dios, Padre Todopoderoso,
Creador del cielo y de la tierra.

Creo en Jesucristo, su único Hijo,
Nuestro Señor,
Que fue concebido por obra y gracia del Espíritu Santo,
nació de Santa María Virgen,
padeció bajo el poder de Poncio Pilato,

fue crucificado, muerto y sepultado,
descendió a los infiernos,
al tercer día resucitó de entre los muertos,
subió a los cielos y está sentado a la derecha de Dios,
Padre todopoderoso.
Desde allí ha de venir
a juzgar a vivos y muertos.

Creo en el Espíritu Santo,
la santa Iglesia católica,
la comunión de los santos,
el perdón de los pecados,
la resurrección de la carne
y la vida eterna. Amén.

Sosteniendo la primera cuenta sobre el crucifijo, rezan el Padre Nuestro, que es la oración que Jesús nos enseñó a rezar:

Padre nuestro, que estás en el cielo,
santificado sea tu Nombre;
venga a nosotros tu reino;
hágase tu voluntad en la tierra como en el cielo.
Danos hoy nuestro pan de cada día;
perdona nuestras ofensas
como también nosotros perdonamos a los que nos ofenden;
no nos dejes caer en la tentación,
y líbranos del mal. Amén.

Por cada una de las tres cuentas que siguen, rezan el Ave María, que se deriva, en parte, de los saludos del Ángel Gabriel y la parienta de María, Isabel, en las Escrituras (Lc 1, 28.42). (Una cosa por la que deberíamos rezar durante este trío es por el aumento de la fe, la esperanza y la caridad.)

Dios te salve, María, llena eres de gracia;
el Señor es contigo.
Bendita Tú eres
entre todas las mujeres,
y bendito es el fruto de tu vientre, Jesús.
Santa María, Madre de Dios,
ruega por nosotros, pecadores,
ahora y en la hora de nuestra muerte. Amén.

Luego rezan el Gloria, que da alabanza a las tres personas de nuestro único Dios:

Gloria al Padre y al Hijo y al Espíritu Santo. Como era en el principio, ahora y siempre, por los siglos de los siglos. Amén.

Luego, nos movemos al corazón del Rosario —las cinco "decenas". Estos son grupos de diez cuentas separadas por una cuenta sola. Cada una de estas decenas corresponde a un "misterio" en las vidas de Cristo y de su madre. Cuando rezan el Rosario, lo rezan siguiendo una de las cuatro categorías de misterios: los Misterios Gozosos, los Misterios Dolorosos, los Misterios Gloriosos y los Misterios Luminosos. Cada una de las cuatro secciones principales de este libro los guían por el Rosario basados en uno de estos conjuntos de misterios.

Los Misterios Gozosos, que son rezados tradicionalmente los lunes, sábados y, durante el Adviento, también los domingos, son:

1. La Encarnación del Hijo de Dios
2. La Visitación de Nuestra Señora a su prima Santa Isabel
3. El Nacimiento del Hijo de Dios en el portal de Belén
4. La presentación de Jesús en el Templo
5. El Niño Jesús perdido y hallado en el Templo

Los Misterios Dolorosos, que son rezados tradicionalmente los martes, viernes y, durante la Cuaresma, también los domingos, son:

1. La oración en el Huerto
2. La flagelación de Jesús atado a la columna
3. La coronación de espinas
4. Jesús con la Cruz a cuestas camino del Calvario
5. La crucifixión y muerte de Jesús

Los Misterios Gloriosos, que son rezados tradicionalmente los miércoles y, fuera de los tiempos de Cuaresma y Adviento, también los domingos, son:

1. La resurrección del Hijo de Dios
2. La Ascensión del Señor al cielo
3. La venida del Espíritu Santo
4. La Asunción de María al cielo
5. La coronación de María como Reina y Señora de todo lo creado

Los Misterios Luminosos, que son rezados tradicionalmente los jueves, son:

1. El Bautismo en el Jordán
2. Las bodas de Caná
3. El anuncio del Reino de Dios
4. La Transfiguración
5. La institución de la Eucaristía

En la cuenta que precede a cada decena, se anuncia el misterio, seguido tal vez de alguna breve reflexión o lectura de la Escritura. (En este libro, ofrezco dos opciones de reflexiones para cada decena: una reflexión más larga, y, si se prefiere para rezar en público, una reflexión más corta). A continuación, rezan el Padre Nuestro. Luego, para cada una de las diez cuentas de la decena, dicen un Ave María, contemplando el primer misterio mientras rezan.

Luego de rezar los diez Ave María, rezan el Gloria, seguido de la oración solicitada por la Santísima Virgen María en su aparición de Fátima:

> *Oh Jesús mío, perdona nuestros pecados, líbranos del fuego del infierno, lleva al cielo a todas las almas, especialmente a las más necesitadas de tu misericordia.*

Repiten este ciclo de oraciones —anunciación del misterio, Padre Nuestro, diez Ave Marías, Gloria y la Oración de Fátima— por cada una de las cinco decenas, meditando el correspondiente misterio mientras se mueven por cada decena.

Luego de completar las cinco decenas, rezan la Salve:

Dios te salve, Reina y Madre de misericordia,
vida, dulzura y esperanza nuestra.
Dios te salve.
A Ti clamamos los desterrados hijos de Eva,
a Ti suspiramos, gimiendo y llorando en este valle de lágrimas.
Ea, pues, Señora Abogada Nuestra,
vuelve a nosotros tus ojos misericordiosos,
y después de este destierro, muéstranos a Jesús,
fruto bendito de tu vientre.
Oh, clemente, oh piadosa, oh dulce Virgen María.
Ruega por nosotros, Santa Madre de Dios,
para que seamos dignos de alcanzar las promesas de Nuestro Señor Jesucristo. Amén.

Luego recitan una oración final:

Oh Dios, cuyo Hijo nos obtuvo la salvación eterna
por medio de su vida, muerte y resurrección;
concédenos a quienes meditamos estos misterios
en el Rosario de la Virgen María,
imitar lo que enseña y alcanzar lo que promete.
Por Jesucristo, nuestro Señor.
Amén.

Finalmente, terminan precisamente de la misma manera que comenzaron —con la señal de la cruz.

Los Misterios Gozosos

DEL ROSARIO

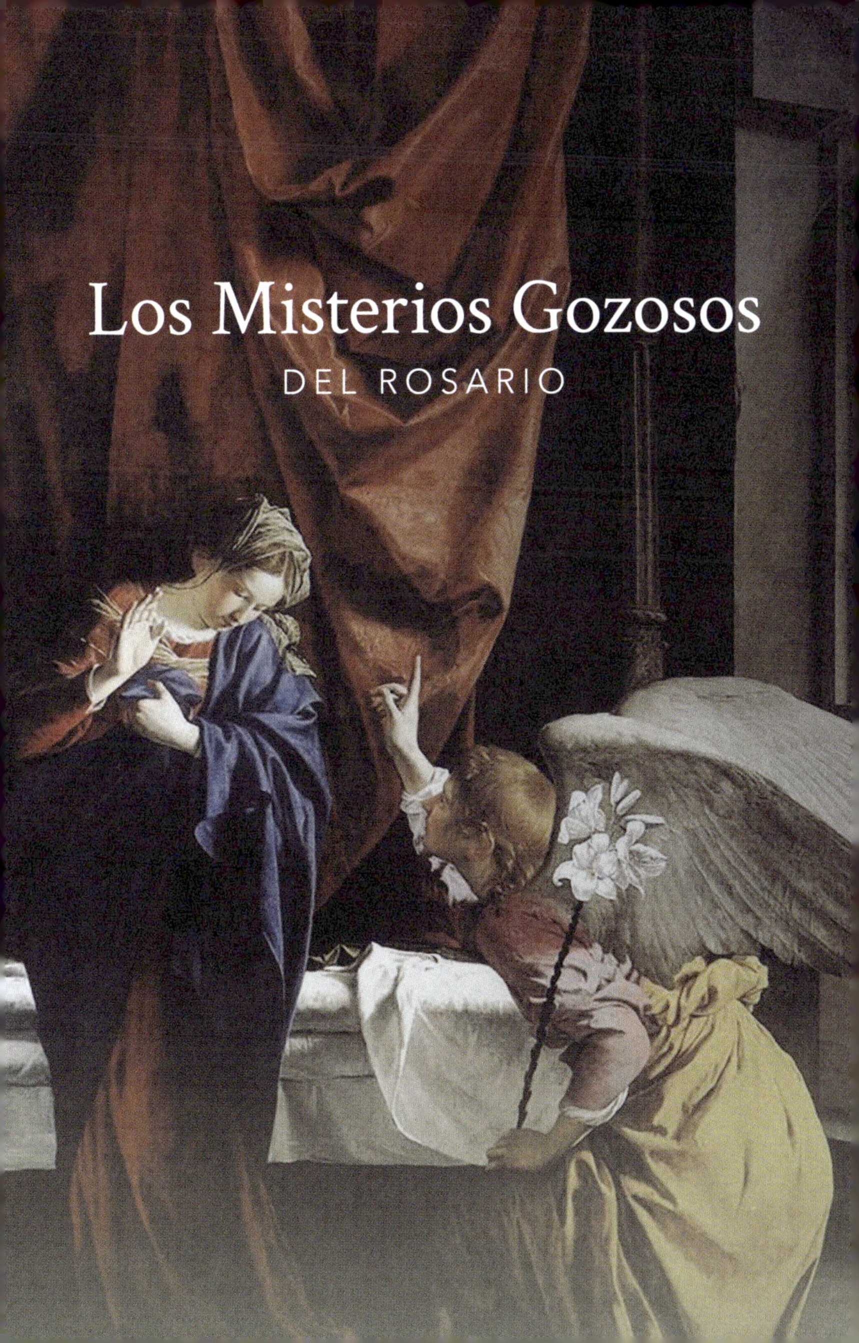

Los Misterios Gozosos

ORACIONES INICIALES

LA SEÑAL DE LA CRUZ

En el nombre del Padre, y del Hijo,
y del Espíritu Santo. Amén.

EL CREDO DE LOS APÓSTOLES

Creo en Dios, Padre Todopoderoso,
Creador del cielo y de la tierra.

Creo en Jesucristo, su único Hijo,
Nuestro Señor,
Que fue concebido por obra y gracia del Espíritu Santo,
nació de Santa María Virgen,
padeció bajo el poder de Poncio Pilato,
fue crucificado, muerto y sepultado,
descendió a los infiernos,
al tercer día resucitó de entre los muertos,
subió a los cielos y está sentado a la derecha de Dios,
Padre todopoderoso.
Desde allí ha de venir
a juzgar a vivos y muertos.

Creo en el Espíritu Santo,
la santa Iglesia católica,
la comunión de los santos,

el perdón de los pecados,
la resurrección de la carne
y la vida eterna.
Amén.

PADRE NUESTRO

Padre nuestro, que estás en el cielo,
santificado sea tu Nombre;
venga a nosotros tu reino;
hágase tu voluntad en la tierra como en el cielo.
Danos hoy nuestro pan de cada día;
perdona nuestras ofensas
como también nosotros perdonamos a los que nos ofenden;
no nos dejes caer en la tentación,
y líbranos del mal. Amén.

AVEMARÍA (*tres veces*)

Dios te salve, María, llena eres de gracia;
el Señor es contigo. Bendita Tú eres
entre todas las mujeres,
y bendito es el fruto de tu vientre, Jesús.
Santa María, Madre de Dios,
ruega por nosotros, pecadores,
ahora y en la hora de nuestra muerte. Amén.

GLORIA

Gloria al Padre y al Hijo y al Espíritu Santo.
Como era en el principio, ahora y siempre,
por los siglos de los siglos. Amén.

Primer Misterio Gozoso

La Encarnación del Hijo de Dios

La Encarnación del Hijo de Dios

REFLEXIÓN

(*Opción larga*)

La Anunciación se centra en la creatura más elevada: María, la Virgen Madre de Dios. El saludo del Ángel a María es importante: "Salve María, llena de gracia". Se dirige a María como alguien que es capaz de recibir dones, que está lista para recibir. Luego el ángel anuncia a la doncella de Nazaret que ha sido escogida para ser la Madre de Dios. Esto es lo que dice Gabriel: "Vas a concebir y a dar a luz un hijo y le pondrás por nombre Jesús. Él será grande y será llamado Hijo del Altísimo; el Señor Dios le dará el trono de David, su padre, y él reinará sobre la casa de Jacob por los siglos y su reinado no tendrá fin". A ningún israelita del primer siglo se le hubiera escapado este significado: este niño será el cumplimiento de la promesa hecha al Rey David. Y esto significa que el niño es, de hecho, el Rey del mundo, el que traerá unión y paz a todas las naciones. Se había extendido en Israel la convicción de que este misterioso descendiente de David sería Rey, no sólo por un tiempo y no sólo en un sentido terrenal, sino para siempre y para todas las naciones. Este Rey definitivo de los judíos sería rey del mundo. Sería también nuestro Rey.

Mientras rezamos esta decena, contemplemos cómo hemos permitido a Jesús ser el Rey y Señor de nuestra vida entera.

REFLEXIÓN
(Opción corta)

El ángel Gabriel anuncia a María que ha sido escogida para convertirse en la Madre de Dios. El niño, Jesús, será el cumplimiento de la promesa hecha al Rey David, reinando para siempre y para todas las naciones.

PADRE NUESTRO

Padre nuestro, que estás en el cielo,
santificado sea tu Nombre;
venga a nosotros tu reino;
hágase tu voluntad en la tierra como en el cielo.
Danos hoy nuestro pan de cada día;
perdona nuestras ofensas
como también nosotros perdonamos a los que nos ofenden;
no nos dejes caer en la tentación,
y líbranos del mal. Amén.

AVEMARÍA (*diez veces*)

Dios te salve, María, llena eres de gracia;
el Señor es contigo. Bendita Tú eres
entre todas las mujeres,
y bendito es el fruto de tu vientre, Jesús.
Santa María, Madre de Dios,
ruega por nosotros, pecadores,
ahora y en la hora de nuestra muerte. Amén.

GLORIA

Gloria al Padre
y al Hijo
y al Espíritu Santo.
Como era en el principio,
ahora y siempre,
por los siglos de los siglos. Amén.

LA ORACIÓN DE FÁTIMA

Oh Jesús mío, perdona nuestros pecados, líbranos del fuego del infierno, lleva al cielo a todas las almas, especialmente a las más necesitadas de tu misericordia.

Segundo Misterio Gozoso

La Visitación de Nuestra Señora a su prima Santa Isabel

La Visitación de Nuestra Señora a su prima Santa Isabel

REFLEXIÓN
(*Opción larga*)

Tras escuchar el mensaje de Gabriel acerca de su propio embarazo y el de su prima, escuchamos que María "se encaminó presurosa a un pueblo de las montañas de Judea" a ver a Isabel.

¿Por qué acude con tanta prisa y determinación? Porque había encontrado su misión, su rol en el teo-drama. Estamos hoy dominados por el ego-drama en todas sus ramificaciones e implicancias. El ego-drama es la obra que estoy escribiendo, estoy produciendo, estoy dirigiendo, y sobre todo, estoy protagonizando. Lo vemos absolutamente en todas partes en nuestra cultura. La libertad de elección reina sublime: me convierto en la persona que elijo ser. Pero el teo-drama es la gran historia contada por Dios, la gran obra dirigida por Dios. Lo que hace tu vida apasionante es descubrir tu rol en ella. Esto es precisamente lo que le ha sucedido a María. Ha encontrado su rol —ciertamente un rol culminante— en el teo-drama, y quiere conversar con Isabel, que también ha descubierto su rol en el mismo drama.

A través de esta decena del Rosario, contemplemos qué nos revela Dios en el misterio de la Visitación. ¿Hemos buscado nuestro lugar en la trama de Dios, abandonando el ego-drama por el teo-drama con una respuesta tan audaz y simple como la de María?

REFLEXIÓN
(*Opción corta*)

Tras escuchar el mensaje de Gabriel, María "se encaminó presurosa" a ver a Isabel. ¿Por qué acudió con tanta prisa y determinación? Porque había encontrado su misión, su rol en la gran trama contada por Dios.

PADRE NUESTRO

Padre nuestro, que estás en el cielo,
santificado sea tu Nombre;
venga a nosotros tu reino;
hágase tu voluntad en la tierra como en el cielo.
Danos hoy nuestro pan de cada día;
perdona nuestras ofensas
como también nosotros perdonamos a los que nos ofenden;
no nos dejes caer en la tentación,
y líbranos del mal. Amén.

AVEMARÍA (*diez veces*)

Dios te salve, María, llena eres de gracia;
el Señor es contigo. Bendita Tú eres
entre todas las mujeres,
y bendito es el fruto de tu vientre, Jesús.
Santa María, Madre de Dios,
ruega por nosotros, pecadores,
ahora y en la hora de nuestra muerte. Amén.

GLORIA

Gloria al Padre
y al Hijo
y al Espíritu Santo.
Como era en el principio,
ahora y siempre,
por los siglos de los siglos. Amén.

LA ORACIÓN DE FÁTIMA

Oh Jesús mío, perdona nuestros pecados, líbranos del fuego del infierno, lleva al cielo a todas las almas, especialmente a las más necesitadas de tu misericordia.

Tercer Misterio Gozoso

El Nacimiento del Hijo de Dios en el portal de Belén

El Nacimiento del Hijo de Dios en el portal de Belén

REFLEXIÓN
(*Opción larga*)

Cuando acudimos al familiar relato de Lucas sobre el nacimiento de Jesús, vemos que comienza como uno esperaría que los poemas e historias comenzaran en la antigüedad, con la invocación de gente poderosa e importante: César Augusto y Quirino, gobernador de Siria. Pero a continuación Lucas nos sorprende, cuando inmediatamente descubrimos que el relato no trata de Augusto y Quirino para nada, sino de dos desconocidos haciendo su camino desde uno a otro remoto puesto del imperio de Augusto. Cuando María y José arriban a la ciudad de David, no había lugar, siquiera en la posada vulgar, y entonces su niño nace en una cueva, o como algunos académicos han sugerido recientemente, el piso más bajo de una vivienda, la parte humilde de la casa donde los animales pasan la noche.

Lucas sin embargo monta el relato como la fábula de dos emperadores rivales: César, el rey del mundo, y Jesús, el bebé Rey. Mientras César gobierna desde su palacio en Roma, Jesús no tiene lugar para recostar su cabeza; mientras César ejercita su amplio poder, Jesús está envuelto en pañales; mientras César está rodeado de cortesanos ricos y sofisticados, Jesús está rodeado de animales y pastores del campo. Aun así, el bebé Rey es más poderoso que Augusto, lo que se indica mediante la presencia de un ejército (*stratias* en griego) de ángeles sobre los cielos de Belén. Los cuatro evangelios representan una batalla, que culmina en el asunto mortal de la cruz, entre los poderes del mundo y el poder de Cristo. Porque Jesús no es simplemente un profeta amable con un mensaje agradable de perdón; es Dios viniendo en persona a asumir el mando. Es el Señor, la Palabra hecha carne.

Mientras rezamos esta decena, contemplemos el gran misterio de la Natividad y la presentación subversiva de la llegada de un nuevo Rey.

REFLEXIÓN
(*Opción corta*)

María y José llegan a la ciudad de David y su niño, la Palabra hecha carne, nace en una cueva. No es un cuento sentimental sino el comienzo de una gran batalla entre los poderes del mundo y el poder de Cristo.

PADRE NUESTRO

Padre nuestro, que estás en el cielo,
santificado sea tu Nombre;
venga a nosotros tu reino;
hágase tu voluntad en la tierra como en el cielo.
Danos hoy nuestro pan de cada día;
perdona nuestras ofensas
como también nosotros perdonamos a los que nos ofenden;
no nos dejes caer en la tentación,
y líbranos del mal. Amén.

AVEMARÍA (*diez veces*)

Dios te salve, María, llena eres de gracia;
el Señor es contigo. Bendita Tú eres
entre todas las mujeres,

y bendito es el fruto de tu vientre, Jesús.
Santa María, Madre de Dios,
ruega por nosotros, pecadores,
ahora y en la hora de nuestra muerte. Amén.

GLORIA

Gloria al Padre
y al Hijo
y al Espíritu Santo.
Como era en el principio,
ahora y siempre,
por los siglos de los siglos. Amén.

LA ORACIÓN DE FÁTIMA

Oh Jesús mío, perdona nuestros pecados, líbranos del fuego del infierno, lleva al cielo a todas las almas, especialmente a las más necesitadas de tu misericordia.

Cuarto Misterio Gozoso

La presentación de Jesús en el Templo

La presentación de Jesús en el Templo

REFLEXIÓN
(Opción larga)

La importancia de este misterio está fundada en la importancia del templo para el antiguo Israel. El templo era, prácticamente en un sentido literal, la morada del Señor. De todas las montañas del mundo, Yahweh prefirió al monte Sión, y aquí ha elegido vivir. Era el lugar de encuentro por excelencia. En el templo, Israel era más él mismo y estaba más en contacto con su misión de traer la alabanza del verdadero Dios al mundo entero. En el templo, la divinidad y la humanidad se abrazaban, y la raza humana era alineada de regreso a Dios. Cada vez que alguien ofrecía un sacrificio en el templo, estaba dirigiendo su vida, su mente, su voluntad, de vuelta a Dios. Se estaba "reconciliando" ("pestaña con pestaña", del latín *cilia*) con el Señor.

Pero los pecados de la nación han, de acuerdo al profeta Ezequiel, causado que la gloria del Señor se marche del Templo. Por lo tanto, una de las aspiraciones más profundas del pueblo de Israel era restablecer el templo como el lugar de la alabanza correcta para que la gloria del Señor pudiera regresar. Podemos escuchar este anhelo en los profetas, en los Salmos, y en comunidades como los Esenios.

Cuando José y María llevan al niño Jesús al templo, por lo tanto, debemos reconocer que la profecía de Ezequiel se está cumpliendo. La gloria del Señor ha regresado a su templo.

Mientras rezamos esta decena, contemplemos el misterio de la Presentación del niño Jesús, Dios con nosotros, aquí y ahora.

REFLEXIÓN
(Opción corta)

José y María llevan al niño Jesús al templo, la morada del Señor, cumpliendo la profecía de que la gloria de Yahweh regresaría a su templo.

PADRE NUESTRO

Padre nuestro, que estás en el cielo,
santificado sea tu Nombre;
venga a nosotros tu reino;
hágase tu voluntad en la tierra como en el cielo.
Danos hoy nuestro pan de cada día;
perdona nuestras ofensas
como también nosotros perdonamos a los que nos ofenden;
no nos dejes caer en la tentación,
y líbranos del mal. Amén.

AVEMARÍA (*diez veces*)

Dios te salve, María, llena eres de gracia;
el Señor es contigo. Bendita Tú eres
entre todas las mujeres,
y bendito es el fruto de tu vientre, Jesús.
Santa María, Madre de Dios,
ruega por nosotros, pecadores,
ahora y en la hora de nuestra muerte. Amén.

GLORIA

Gloria al Padre
y al Hijo
y al Espíritu Santo.
Como era en el principio,
ahora y siempre,
por los siglos de los siglos. Amén.

LA ORACIÓN DE FÁTIMA

Oh Jesús mío, perdona nuestros pecados, líbranos del fuego del infierno, lleva al cielo a todas las almas, especialmente a las más necesitadas de tu misericordia.

Quinto Misterio Gozoso

El Niño Jesús perdido y hallado en el Templo

El Niño Jesús perdido y hallado en el Templo

REFLEXIÓN
(*Opción larga*)

Luego de su visita a Jerusalén, María y José, junto con un grupo de su familia y amigos, estaban dirigiéndose hacia Nazaret. Supusieron que el niño Jesús estaba en alguna parte entre sus familiares en la caravana. En cambio, estaba en el templo del Señor, conversando con los ancianos y maestros de la ley. Desconsolados, María y José pasaron tres días buscándolo. Cualquier padre que alguna vez haya buscado a un niño perdido sabe la angustia que debieron haber sentido. ¿Pueden imaginarse cómo habrá sido, mientras intentaban dormir por la noche, dándole vueltas en sus mentes a los peores escenarios?

Cuando finalmente lo encuentran, con exasperación comprensible, lo reprenden: "Hijo mío, ¿por qué te has portado así con nosotros? Tu padre y yo te hemos estado buscando llenos de angustia". Pero Jesús responde con una especie de laconismo devastador: "¿Por qué me andaban buscando? ¿No sabían que debo ocuparme en las cosas de mi Padre?".

El relato expresa una verdad que navega bruscamente en contra de nuestra sensibilidad: incluso las emociones familiares más poderosas deben, finalmente, ceder el paso a la misión. Aunque sintió un tirón descomunal en la dirección opuesta, María dejó ir a su hijo, permitiendo que se encontrara con su padre.

Mientras rezamos la decena final del Rosario, contemplemos la paradoja en el corazón de este misterio gozoso: que precisamente en la medida en que cada uno en la familia se centra en la llamada de Dios que recibió el otro, la familia se vuelve más amorosa y pacífica.

REFLEXIÓN
(Opción corta)

Luego de tres días buscándolo, Maria y José encuentran al joven Jesús en el templo. Jesús dice, "¿No sabían que debo ocuparme en las cosas de mi Padre?" —expresando que las emociones familiares deben ceder paso a la misión.

PADRE NUESTRO

Padre nuestro, que estás en el cielo,
santificado sea tu Nombre;
venga a nosotros tu reino;
hágase tu voluntad en la tierra como en el cielo.
Danos hoy nuestro pan de cada día;
perdona nuestras ofensas
como también nosotros perdonamos a los que nos ofenden;
no nos dejes caer en la tentación,
y líbranos del mal. Amén.

AVEMARÍA *(diez veces)*

Dios te salve, María, llena eres de gracia;
el Señor es contigo. Bendita Tú eres
entre todas las mujeres,
y bendito es el fruto de tu vientre, Jesús.
Santa María, Madre de Dios,
ruega por nosotros, pecadores,
ahora y en la hora de nuestra muerte. Amén.

GLORIA

Gloria al Padre
y al Hijo
y al Espíritu Santo.
Como era en el principio,
ahora y siempre,
por los siglos de los siglos. Amén.

LA ORACIÓN DE FÁTIMA

Oh Jesús mío, perdona nuestros pecados, líbranos del fuego del infierno, lleva al cielo a todas las almas, especialmente a las más necesitadas de tu misericordia.

ORACIONES FINALES

SALVE

Dios te salve, Reina y Madre de misericordia,
vida, dulzura y esperanza nuestra.
Dios te salve.
A Ti clamamos los desterrados hijos de Eva,
a Ti suspiramos, gimiendo y llorando en este valle de lágrimas.
Ea, pues, Señora Abogada Nuestra,
vuelve a nosotros tus ojos misericordiosos,
y después de este destierro, muéstranos a Jesús,
fruto bendito de tu vientre.
Oh, clemente, oh piadosa, oh dulce Virgen María.
Ruega por nosotros, Santa Madre de Dios,
para que seamos dignos de alcanzar las promesas de Nuestro Señor Jesucristo. Amén

ORACIÓN FINAL

Oh Dios, cuyo Hijo nos obtuvo la salvación eterna
por medio de su vida, muerte y resurrección;
concédenos a quienes meditamos estos misterios
en el Rosario de la Virgen María,
imitar lo que enseña y alcanzar lo que promete.
Por Jesucristo, nuestro Señor. Amén.

LA SEÑAL DE LA CRUZ

En el nombre del Padre, y del Hijo,
y del Espíritu Santo. Amén.

Los Misterios Dolorosos

DEL ROSARIO

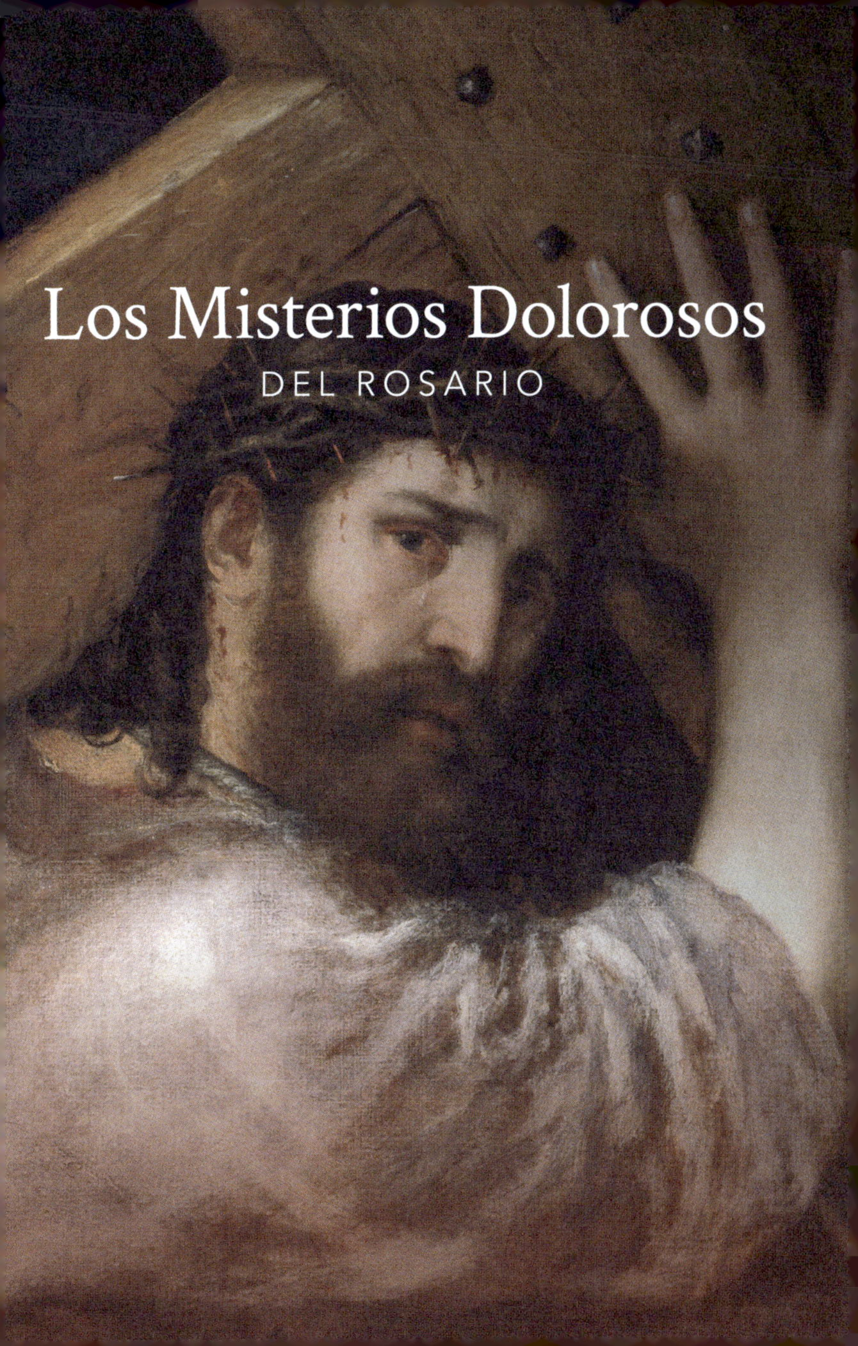

Los Misterios Dolorosos

ORACIONES INICIALES

LA SEÑAL DE LA CRUZ

En el nombre del Padre, y del Hijo,
y del Espíritu Santo. Amén.

EL CREDO DE LOS APÓSTOLES

Creo en Dios, Padre Todopoderoso,
Creador del cielo y de la tierra.

Creo en Jesucristo, su único Hijo,
Nuestro Señor,
Que fue concebido por obra y gracia del Espíritu Santo,
nació de Santa María Virgen,
padeció bajo el poder de Poncio Pilato,
fue crucificado, muerto y sepultado,
descendió a los infiernos,
al tercer día resucitó de entre los muertos,
subió a los cielos y está sentado a la derecha de Dios,
Padre todopoderoso.
Desde allí ha de venir
a juzgar a vivos y muertos.

Creo en el Espíritu Santo,
la santa Iglesia católica,
la comunión de los santos,

el perdón de los pecados,
la resurrección de la carne
y la vida eterna.
Amén.

PADRE NUESTRO

Padre nuestro, que estás en el cielo,
santificado sea tu Nombre;
venga a nosotros tu reino;
hágase tu voluntad en la tierra como en el cielo.
Danos hoy nuestro pan de cada día;
perdona nuestras ofensas
como también nosotros perdonamos a los que nos ofenden;
no nos dejes caer en la tentación,
y líbranos del mal. Amén.

AVEMARÍA (*tres veces*)

Dios te salve, María, llena eres de gracia;
el Señor es contigo. Bendita Tú eres
entre todas las mujeres,
y bendito es el fruto de tu vientre, Jesús.
Santa María, Madre de Dios,
ruega por nosotros, pecadores,
ahora y en la hora de nuestra muerte. Amén.

GLORIA

Gloria al Padre y al Hijo y al Espíritu Santo.
Como era en el principio, ahora y siempre,
por los siglos de los siglos. Amén.

Primer Misterio Doloroso

La oración en el Huerto

La oración en el Huerto

REFLEXIÓN
(*Opción larga*)

En el Huerto de Getsemaní, el Hijo de Dios se involucra en el espacio espiritual y psicológico del pecador. El Apóstol Pablo dice que Cristo *se hizo* pecado. Esa es su misión: traer la luz y el perdón de Dios a las profundidades del abandono de Dios. Estuvo acompañado sólo por Pedro, Santiago y Juan, pero inclusive esos tres discípulos más cercanos finalmente lo abandonaron. Él es "oprimido contra el suelo" —los grandes escritores espirituales de nuestra tradición interpretan esto como los pecados del mundo oprimiéndolo— y transpira sangre. Jesús, el mismo Hijo de Dios, ingresa en un estado de aislamiento de Dios. Siente el sufrimiento de los perdidos.

En ese estado, ofrece una plegaria angustiada: "Padre mío, si es posible, aleja de mí este cáliz". La vida entera de Jesús es una batalla contra el mal que culmina en la cruz —y en el huerto, es evidente la tentación de evitar el seguimiento de la voluntad de Dios.

Luchando todavía contra todos los instintos de su cuerpo, demuestra fortaleza, alineando absolutamente su voluntad con la del Padre: "Pero que se haga tu voluntad, no la mía". Aquí en el centro mismo del drama, y desde el centro de la co-ineherencia de las voluntades divina y humana, viene su plegaria que manifiesta confianza en la divina providencia.

Mientras rezamos esta decena, veamos la doliente soledad de Cristo en el huerto mientras ingresa en el espacio psicológico y espiritual del pecador, y veamos esta gran oración en el huerto como una guía para nuestras propias plegarias y la clave de la felicidad y paz duraderas: "Que se haga tu voluntad, no la mía".

REFLEXIÓN

(Opción corta)

Jesús marcha al Huerto de Getsemaní e ingresa a la soledad y al sufrimiento del espacio espiritual del pecado. En ese estado, alinea absolutamente su voluntad con la del Padre, señalando el camino a la felicidad y paz duraderas.

PADRE NUESTRO

Padre nuestro, que estás en el cielo,
santificado sea tu Nombre;
venga a nosotros tu reino;
hágase tu voluntad en la tierra como en el cielo.
Danos hoy nuestro pan de cada día;
perdona nuestras ofensas
como también nosotros perdonamos a los que nos ofenden;
no nos dejes caer en la tentación,
y líbranos del mal. Amén.

AVEMARÍA (*diez veces*)

Dios te salve, María, llena eres de gracia;
el Señor es contigo. Bendita Tú eres
entre todas las mujeres,
y bendito es el fruto de tu vientre, Jesús.
Santa María, Madre de Dios,
ruega por nosotros, pecadores,
ahora y en la hora de nuestra muerte. Amén.

GLORIA

Gloria al Padre
y al Hijo
y al Espíritu Santo.
Como era en el principio,
ahora y siempre,
por los siglos de los siglos. Amén.

LA ORACIÓN DE FÁTIMA

Oh Jesús mío, perdona nuestros pecados, líbranos del fuego del infierno, lleva al cielo a todas las almas, especialmente a las más necesitadas de tu misericordia.

Segundo Misterio Doloroso

La flagelación de Jesús atado a la columna

La flagelación de Jesús atado a la columna

REFLEXIÓN
(*Opción larga*)

Luego que Pilato sentencia a muerte a Jesús, lo hizo azotar en la columna, que era la tortura que precedía a la crucifixión. Sabemos por evidencia arqueológica y por reportes escritos cómo era esta forma de castigo. Utilizando una variedad de armas e instrumentos, los flageladores romanos vejarían a sus víctimas.

Hans Urs von Balthasar escribe que aun aquellos aspectos pasivos de la Pasión de Jesús en los cuales permite ser usado, incluso la flagelación en la columna— son expresiones de "su activa voluntad de darse a sí mismo en auto entrega", una culminación amorosa de la promesa de Dios para con su pueblo.

Presentando al Jesús flagelado a la multitud, dice Pilato, "Aquí tienen al hombre". En la deliciosa ironía del evangelio de Juan, Pilato está llamando la atención inconscientemente sobre el hecho de que Jesús, totalmente condescendiente con la voluntad de su Padre, incluso hasta el punto de aceptar la tortura y la muerte, es de hecho "el hombre", humanidad en su forma más plena y libre.

A través de esta decena del Rosario, contemplemos la brutalidad soportada por Cristo durante su flagelación y veamos su amorosa aceptación del sufrimiento como el medio por el cual conquista al pecado y redime a la humanidad.

REFLEXIÓN

(Opción corta)

Luego que Pilato sentencia a muerte a Jesús, lo hizo azotar en la columna. Jesús, totalmente condescendiente con la voluntad de su Padre, acepta amorosamente su sufrimiento para conquistar al pecado y redimir a la humanidad.

PADRE NUESTRO

Padre nuestro, que estás en el cielo,
santificado sea tu Nombre;
venga a nosotros tu reino;
hágase tu voluntad en la tierra como en el cielo.
Danos hoy nuestro pan de cada día;
perdona nuestras ofensas
como también nosotros perdonamos a los que nos ofenden;
no nos dejes caer en la tentación,
y líbranos del mal. Amén.

AVEMARÍA (*diez veces*)

Dios te salve, María, llena eres de gracia;
el Señor es contigo. Bendita Tú eres
entre todas las mujeres,
y bendito es el fruto de tu vientre, Jesús.
Santa María, Madre de Dios,
ruega por nosotros, pecadores,
ahora y en la hora de nuestra muerte. Amén.

GLORIA

Gloria al Padre
y al Hijo
y al Espíritu Santo.
Como era en el principio,
ahora y siempre,
por los siglos de los siglos. Amén.

LA ORACIÓN DE FÁTIMA

Oh Jesús mío, perdona nuestros pecados, líbranos del fuego del infierno, lleva al cielo a todas las almas, especialmente a las más necesitadas de tu misericordia.

Tercer Misterio Doloroso

La coronación de espinas

La coronación de espinas

REFLEXIÓN

(*Opción larga*)

Tras ser presentado a Pilato, se le pregunta a Jesús: "¿Eres tú el rey de los judíos?" Llega una respuesta afirmativa desinteresada: "Tú lo dices". Esto condujo a los soldados romanos a colocarle una túnica roja sobre sus hombros, una caña en su mano derecha y una corona de espinas sobre su cabeza. Decían, "Salve, rey de los judíos", y se burlaban aún más arrodillándose delante de él, escupiéndolo, y golpeándole la cabeza con la caña.

Pero el evangelio de Marcos no quiere que nos perdamos la ironía de que, precisamente como rey de los judíos e hijo de David, Jesús es el rey de aquellos soldados, ya que la misión del rey davídico es la unificación no sólo de las tribus de Israel sino también de las tribus de todo el mundo. En una meditación que escribió sobre este misterio, Fulton Sheen llama a esta burla de los soldados al verdadero Rey —quienes presumen que el reinado de Jesús es falso— una reparación por los "pecados de la mente", como la egolatría, la desconfianza y el orgullo. La clave del honor en el reino de Dios es la voluntad de sufrir por amor, de dar la vida propia como un regalo. Miren la vida de los santos. No se trata nunca de agrandar el ego sino más bien de vaciarlo.

Para esta decena, saboreemos la manera en que Cristo absorbe la burla y el odio de la multitud, y revela de ese modo la naturaleza del perdón y del amor divino.

REFLEXIÓN
(Opción corta)

Los soldados romanos se burlan de Jesús colocándole en la cabeza una corona de espinas. El verdadero Rey absorbe la burla y el odio de la multitud, y revela de ese modo la naturaleza del perdón y del amor divino.

PADRE NUESTRO

Padre nuestro, que estás en el cielo,
santificado sea tu Nombre;
venga a nosotros tu reino;
hágase tu voluntad en la tierra como en el cielo.
Danos hoy nuestro pan de cada día;
perdona nuestras ofensas
como también nosotros perdonamos a los que nos ofenden;
no nos dejes caer en la tentación,
y líbranos del mal. Amén.

AVEMARÍA *(diez veces)*

Dios te salve, María, llena eres de gracia;
el Señor es contigo. Bendita Tú eres
entre todas las mujeres,
y bendito es el fruto de tu vientre, Jesús.
Santa María, Madre de Dios,
ruega por nosotros, pecadores,
ahora y en la hora de nuestra muerte. Amén.

GLORIA

Gloria al Padre
y al Hijo
y al Espíritu Santo.
Como era en el principio,
ahora y siempre,
por los siglos de los siglos. Amén.

LA ORACIÓN DE FÁTIMA

Oh Jesús mío, perdona nuestros pecados, líbranos del fuego del infierno, lleva al cielo a todas las almas, especialmente a las más necesitadas de tu misericordia.

Cuarto Misterio Doloroso

Jesús con la Cruz a cuestas camino del Calvario

Jesús con la Cruz a cuestas camino del Calvario

REFLEXIÓN
(*Opción larga*)

Llevar la cruz debe convertirse en la estructura misma de la vida cristiana. Jesús dijo, "El que no carga con su cruz y me sigue no es digno de mí". Esta máxima debe haber sido aniquiladora para su audiencia del primer siglo, porque sabían qué significaba la cruz. Significaba una muerte en total agonía, desnudez y humillación. No pensaban automáticamente en la cruz en términos religiosos, como lo hacemos nosotros, porque la conocían en todo su espantoso poder. Sin embargo, Jesús sitúa esta imagen terrible en el centro mismo de su vida espiritual.

¿Cómo cargamos nuestra propia cruz? Lo hacemos estando dispuestos a sufrir como Jesús lo hizo. Llevamos nuestra cruz en imitación de Cristo —amando lo que él amó, despreciando lo que él despreció. Si Dios está deseando abrir su corazón de par en par, entonces debemos estar dispuestos a abrir nuestros corazones de par en par para los demás. Jesús soporta la carga del mundo entero, y esto es lo que debemos hacer: buscar activa y proactivamente maneras de aligerar la carga de los demás.

Mientras rezamos esta decena del Rosario, contemplemos la centralidad de esta travesía de auto sacrificio en la vida Cristiana.

REFLEXIÓN
(Opción corta)

Luego de ser flagelado y coronado de espinas, a Jesús se le hace cargar su cruz. Jesús coloca esta terrible imagen en el centro mismo de la vida espiritual, y nosotros aceptamos nuestra propia cruz estando dispuestos a sufrir como Jesús lo hizo.

PADRE NUESTRO

Padre nuestro, que estás en el cielo,
santificado sea tu Nombre;
venga a nosotros tu reino;
hágase tu voluntad en la tierra como en el cielo.
Danos hoy nuestro pan de cada día;
perdona nuestras ofensas
como también nosotros perdonamos a los que nos ofenden;
no nos dejes caer en la tentación,
y líbranos del mal. Amén.

AVEMARÍA *(diez veces)*

Dios te salve, María, llena eres de gracia;
el Señor es contigo. Bendita Tú eres
entre todas las mujeres,
y bendito es el fruto de tu vientre, Jesús.
Santa María, Madre de Dios,
ruega por nosotros, pecadores,
ahora y en la hora de nuestra muerte. Amén.

GLORIA

Gloria al Padre
y al Hijo
y al Espíritu Santo.
Como era en el principio,
ahora y siempre,
por los siglos de los siglos. Amén.

LA ORACIÓN DE FÁTIMA

Oh Jesús mío, perdona nuestros pecados, líbranos del fuego del infierno, lleva al cielo a todas las almas, especialmente a las más necesitadas de tu misericordia.

Quinto Misterio Doloroso

La crucifixión y muerte de Jesús

La crucifixión y muerte de Jesús

REFLEXIÓN

(*Opción larga*)

Los Cristianos se han acostumbrado tanto a ver la cruz —en iglesias, en escuelas, en tarjetas de salutación, o llevándola puesta en el cuello de las personas— que han perdido todo sentido de cuán espantosa y extraña es. Pero para los primeros Cristianos, la cruz de Cristo fue eso y más. Pablo la llamó "escándalo para los judíos, necedad para los gentiles", insinuando que de seguro molestaría a todos. En los primeros siglos de la cristiandad, los artistas fueron reacios a pintar la muerte del Señor porque era muy terrible. Y aun así, Pablo puede decir "Proclamamos a Cristo crucificado", y la tradición Cristiana entera —desde Agustín, a Francisco de Asís, a Dante, a Ignacio de Loyola hasta los monjes trapistas de Kentucky— se ha hecho eco de esto. De algún modo supieron que un personaje que se retuerce de dolor clavado en su cruz es la historia completa.

¿Cuál es esa historia? La Crucifixión de Jesús es el juicio de Dios sobre el mundo y la expresión más completa de la ira divina ante el pecado. Tenemos que ver en esa cruz no solamente una exhibición violenta sino más bien nuestra propia fealdad. ¿Qué llevó a Jesús a la cruz? La estupidez, la ira, la desconfianza, la injusticia institucional, la traición de amigos, la negación, la crueldad indescriptible, la acusación del chivo expiatorio, y el miedo. En otras palabras, toda nuestra disfunción se revela en esa cruz. A la luz de la cruz, nadie puede decir honestamente, "Yo estoy bien, tú están bien". En la cara atormentada de Cristo crucificado, sabemos que algo ha ido terriblemente mal en la creación de Dios, que somos cautivos encadenados dentro de una prisión de la que no se puede escapar, que estamos en guerra con nosotros mismos.

¿Significa esto que Dios Padre es un supervisor cruel que exige un sacrifico cruento para calmar su enojo? No, porque nosotros vemos también algo más en la brutalidad de la cruz. Vemos que Dios mismo ha venido a pararse con nosotros —hombro con hombro— en nuestra disfunción. La crucifixión de Jesús fue el abrir de par en par del corazón divino para que pudiéramos ver que ningún pecado nuestro podrá finalmente separarnos del amor de Dios.

Mientras rezamos esta decena final, saboreemos la extraña belleza y el misterio del Hijo de Dios crucificado.

REFLEXIÓN
(*Opción corta*)

Jesús es crucificado brutalmente. Esta crucifixión es la expresión más completa de la ira divina ante el pecado. Pero es también el abrir de par en par del corazón divino para que podamos ver que ningún pecado nuestro podrá finalmente separarnos del amor de Dios.

PADRE NUESTRO

Padre nuestro, que estás en el cielo,
santificado sea tu Nombre;
venga a nosotros tu reino;
hágase tu voluntad en la tierra como en el cielo.
Danos hoy nuestro pan de cada día;
perdona nuestras ofensas
como también nosotros perdonamos a los que nos ofenden;
no nos dejes caer en la tentación,
y líbranos del mal. Amén.

AVEMARÍA (*diez veces*)

Dios te salve, María, llena eres de gracia;
el Señor es contigo. Bendita Tú eres
entre todas las mujeres,
y bendito es el fruto de tu vientre, Jesús.
Santa María, Madre de Dios,
ruega por nosotros, pecadores,
ahora y en la hora de nuestra muerte. Amén.

GLORIA

Gloria al Padre
y al Hijo
y al Espíritu Santo.
Como era en el principio,
ahora y siempre,
por los siglos de los siglos. Amén.

LA ORACIÓN DE FÁTIMA

Oh Jesús mío, perdona nuestros pecados, líbranos del fuego del infierno, lleva al cielo a todas las almas, especialmente a las más necesitadas de tu misericordia.

Los Misterios Dolorosos

ORACIONES FINALES

SALVE

Dios te salve, Reina y Madre de misericordia,
vida, dulzura y esperanza nuestra.
Dios te salve.
A Ti clamamos los desterrados hijos de Eva,
a Ti suspiramos, gimiendo y llorando en este valle de lágrimas.
Ea, pues, Señora Abogada Nuestra,
vuelve a nosotros tus ojos misericordiosos,
y después de este destierro, muéstranos a Jesús,
fruto bendito de tu vientre.
Oh, clemente, oh piadosa, oh dulce Virgen María.
Ruega por nosotros, Santa Madre de Dios,
para que seamos dignos de alcanzar las promesas de Nuestro Señor Jesucristo. Amén

ORACIÓN FINAL

Oh Dios, cuyo Hijo nos obtuvo la salvación eterna
por medio de su vida, muerte y resurrección;
concédenos a quienes meditamos estos misterios
en el Rosario de la Virgen María,
imitar lo que enseña y alcanzar lo que promete.
Por Jesucristo, nuestro Señor. Amén.

LA SEÑAL DE LA CRUZ

En el nombre del Padre, y del Hijo,
y del Espíritu Santo. Amén.

Los Misterios Gloriosos

DEL ROSARIO

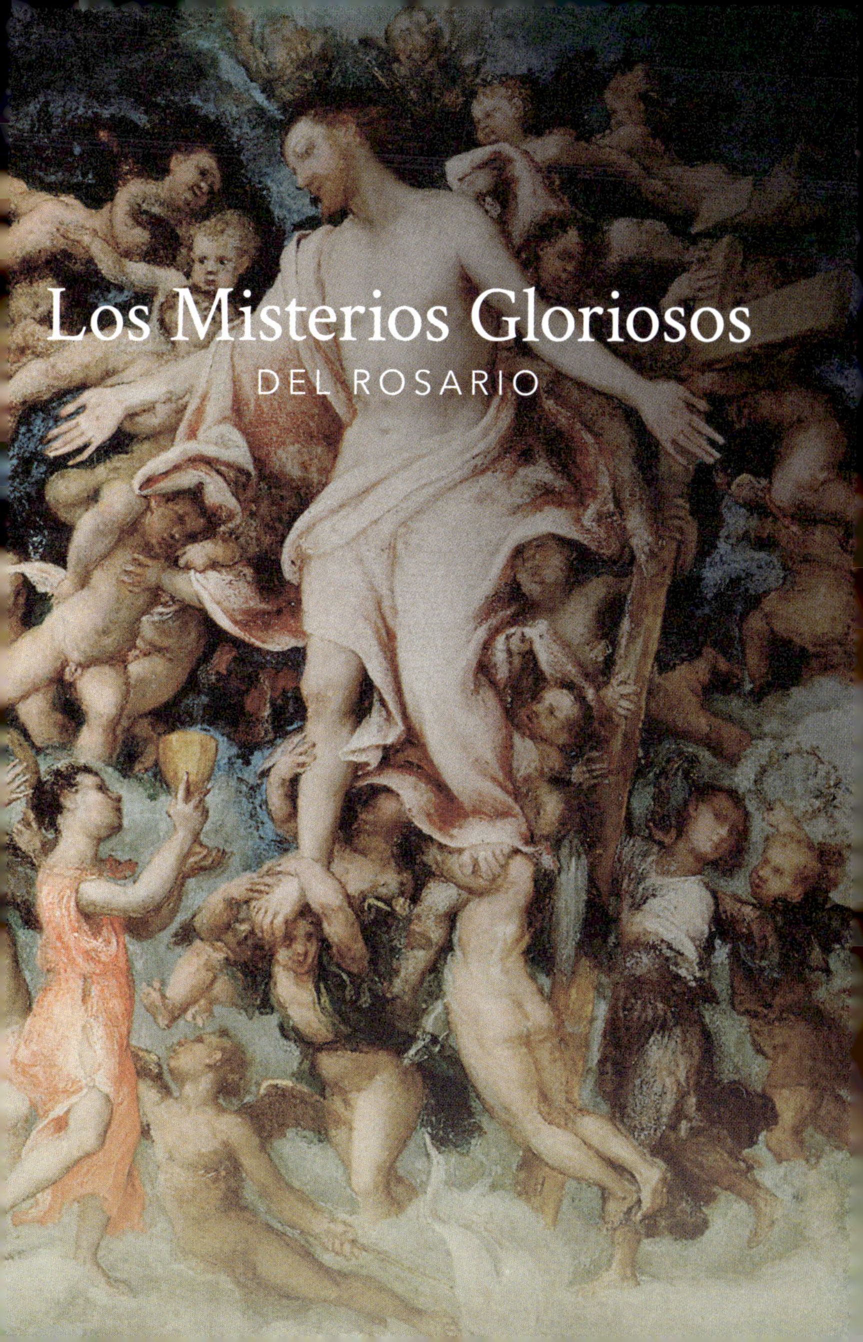

Los Misterios Gloriosos

ORACIONES INICIALES

LA SEÑAL DE LA CRUZ

En el nombre del Padre, y del Hijo,
y del Espíritu Santo. Amén.

EL CREDO DE LOS APÓSTOLES

Creo en Dios, Padre Todopoderoso,
Creador del cielo y de la tierra.

Creo en Jesucristo, su único Hijo,
Nuestro Señor,
Que fue concebido por obra y gracia del Espíritu Santo,
nació de Santa María Virgen,
padeció bajo el poder de Poncio Pilato,
fue crucificado, muerto y sepultado,
descendió a los infiernos,
al tercer día resucitó de entre los muertos,
subió a los cielos y está sentado a la derecha de Dios,
Padre todopoderoso.
Desde allí ha de venir
a juzgar a vivos y muertos.

Creo en el Espíritu Santo,
la santa Iglesia católica,
la comunión de los santos,

el perdón de los pecados,
la resurrección de la carne
y la vida eterna.
Amén.

PADRE NUESTRO

Padre nuestro, que estás en el cielo,
santificado sea tu Nombre;
venga a nosotros tu reino;
hágase tu voluntad en la tierra como en el cielo.
Danos hoy nuestro pan de cada día;
perdona nuestras ofensas
como también nosotros perdonamos a los que nos ofenden;
no nos dejes caer en la tentación,
y líbranos del mal. Amén.

AVEMARÍA (*tres veces*)

Dios te salve, María, llena eres de gracia;
el Señor es contigo. Bendita Tú eres
entre todas las mujeres,
y bendito es el fruto de tu vientre, Jesús.
Santa María, Madre de Dios,
ruega por nosotros, pecadores,
ahora y en la hora de nuestra muerte. Amén.

GLORIA

Gloria al Padre y al Hijo y al Espíritu Santo.
Como era en el principio, ahora y siempre,
por los siglos de los siglos. Amén.

Primer Misterio Glorioso

La resurrección del Hijo de Dios

La resurrección del Hijo de Dios

REFLEXIÓN
(*Opción larga*)

En la magnífica narración de Juan de la Resurrección, se dice que era temprano en la mañana del primer día de la semana. Todavía estaba oscuro —del mismo modo que lo estaba en el principio de los tiempos antes que Dios dijera "Que se haga la luz". Pero una luz estaba por brillar, y una nueva creación estaba por aparecer.

La piedra ha sido removida. Esa piedra, que bloquea el ingreso a la tumba de Jesús luego de su Pasión y Crucifixión, representa el carácter rotundo de la muerte. Cuando muere alguien a quien queremos, sucede como si una piedra rodara sobre él, bloqueando permanentemente nuestro acceso a esa persona. Y es por esto que lloramos ante la muerte —no sólo de pena sino por una especie de frustración existencial.

Pero para Jesús, la piedra ha sido removida. Lo que se había soñado, lo que había perdurado como una esperanza contra toda esperanza, se ha hecho realidad. Dios ha abierto la tumba de su Hijo, y las ataduras de la muerte han sido destruidas para siempre. La Resurrección es la indicación más clara del Señorío de Jesús.

La Resurrección revela ciertas verdades definitivas. Primero, que Jesús, habiendo descendido todo el recorrido hasta lo más bajo, habiendo viajado hasta dentro de la pena, la desesperación, la alienación, la muerte misma, hasta los límites del abandono de Dios, incorpora en la divina misericordia a todos aquellos que han deambulado lejos de Dios. No importa cuán lejos huyamos del Padre, siempre corremos hacia los brazos extendidos del Hijo.

Una segunda verdad es que, en nuestro mundo conflictivo, Cristo no está del lado de los que acusan al chivo expiatorio sino más bien del lado de la víctima que es culpada. El verdadero Dios no aprueba una comunidad creada a través de la violencia; sino que, en cambio, aprueba lo que Jesús llama el Reino de Dios, una sociedad fundamentada en el perdón, el amor y la redención.

Tan asombrados se sintieron los discípulos por la victoria de Jesús sobre la muerte y el pecado y con la acusación del chivo expiatorio en la Resurrección —y pueden sentir esto en cada libro y carta del Nuevo Testamento— que aguardaron la inminente llegada de un nuevo estado de cosas, el regreso de Jesús y el establecimiento del reino de Dios. El mundo viejo había terminado, estaba roto, comprometido, su destrucción era ahora una cuestión de tiempo.

Mientras rezamos la primera decena, contemplemos cuánto nos ama Cristo y cómo su amor cambia el mundo.

REFLEXIÓN
(Opción corta)

El Señor Jesús es resucitado de la muerte, revelando que ha ido hasta los límites del abandono de Dios para llegar a los pecadores; que está del lado de la víctima en la acusación del chivo expiatorio; y que la destrucción del mundo viejo es sólo una cuestión de tiempo.

PADRE NUESTRO

Padre nuestro, que estás en el cielo,
santificado sea tu Nombre;
venga a nosotros tu reino;
hágase tu voluntad en la tierra como en el cielo.
Danos hoy nuestro pan de cada día;

perdona nuestras ofensas
como también nosotros perdonamos a los que nos ofenden;
no nos dejes caer en la tentación,
y líbranos del mal. Amén.

AVEMARÍA (*diez veces*)

Dios te salve, María, llena eres de gracia;
el Señor es contigo. Bendita Tú eres
entre todas las mujeres,
y bendito es el fruto de tu vientre, Jesús.
Santa María, Madre de Dios,
ruega por nosotros, pecadores,
ahora y en la hora de nuestra muerte. Amén.

GLORIA

Gloria al Padre
y al Hijo
y al Espíritu Santo.
Como era en el principio,
ahora y siempre,
por los siglos de los siglos. Amén.

LA ORACIÓN DE FÁTIMA

Oh Jesús mío, perdona nuestros pecados, líbranos del fuego del infierno, lleva al cielo a todas las almas, especialmente a las más necesitadas de tu misericordia.

Segundo Misterio Glorioso

La Ascensión del Señor al cielo

La Ascensión del Señor al cielo

REFLEXIÓN
(*Opción larga*)

Luego de encomendar a sus discípulos —y a nosotros— de proclamar el Evangelio al mundo entero, Jesús asciende a los cielos, donde toma su lugar a la derecha de Dios.

¿Cómo podemos siquiera comenzar a encontrarle el sentido a este misterio, y qué tiene que ver con nosotros? Cuando consideramos la Ascensión, es importante comprender que Jesús no se ha ido arriba, muy arriba, y lejos, sino que, si puedo ponerlo de esta manera, más profundamente en nuestro mundo. Él se ha ido a una dimensión que trasciende pero aun afecta nuestro universo. Y la plegaria de Jesús es que la tierra esté llena de la gloria de Dios, para que sea transformada y elevada de acuerdo a los propósitos de Dios. Mientras Jesús abandona la escena —al menos en el sentido más obvio— abre el paso para nosotros, para que podamos actuar en su nombre y de conformidad con su Espíritu. Son precisamente aquellos que están mas centrados en las cosas del cielo los que hacen mayor bien aquí abajo. Aquellos que rezan más intensamente son más efectivos en el reino práctico. Este se abrió de par en par por la Ascensión.

Para este misterio, meditemos el gran misterio de la Ascensión corporal de Jesús, que es una invitación a nosotros para ir en misión.

REFLEXIÓN
(*Opción corta*)

Luego de encomendar a sus discípulos proclamar el Evangelio al mundo, Jesús asciende a los cielos, yendo simultáneamente más profundo en nuestro mundo y abriendo el paso para que nosotros actuemos en su nombre y en conformidad con su Espíritu.

PADRE NUESTRO

Padre nuestro, que estás en el cielo,
santificado sea tu Nombre;
venga a nosotros tu reino;
hágase tu voluntad en la tierra como en el cielo.
Danos hoy nuestro pan de cada día;
perdona nuestras ofensas
como también nosotros perdonamos a los que nos ofenden;
no nos dejes caer en la tentación,
y líbranos del mal. Amén.

AVEMARÍA (*diez veces*)

Dios te salve, María, llena eres de gracia;
el Señor es contigo. Bendita Tú eres
entre todas las mujeres,
y bendito es el fruto de tu vientre, Jesús.
Santa María, Madre de Dios,
ruega por nosotros, pecadores,
ahora y en la hora de nuestra muerte. Amén.

GLORIA

Gloria al Padre
y al Hijo
y al Espíritu Santo.
Como era en el principio,
ahora y siempre,
por los siglos de los siglos. Amén.

LA ORACIÓN DE FÁTIMA

Oh Jesús mío, perdona nuestros pecados, líbranos del fuego del infierno, lleva al cielo a todas las almas, especialmente a las más necesitadas de tu misericordia.

Tercer Misterio Glorioso

La venida del Espíritu Santo

La venida del Espíritu Santo

REFLEXIÓN

(*Opción larga*)

Luego de la Ascensión, los discípulos —el núcleo de la Iglesia— están reunidos en el piso superior, donde el Espíritu Santo desciende sobre ellos. El Espíritu no es una fuerza o un principio sino que es una persona, aquella persona divina que es el amor compartido por el Padre y por el Hijo, el amor que Dios es. A partir de aquel evento, hombres timoratos y sin mucha educación se convierten en valientes evangelistas, listos y capaces de desperdigar el Evangelio por todas partes.

Captamos algunas pistas sobre la naturaleza del Espíritu Santo de las descripciones ofrecidas en el Nuevo Testamento: viento y llama. El término "Espíritu Santo", por supuesto, significa Aliento Sagrado, *Spiritus Sanctus*. El viento es misterioso, sopla donde lo desea, yendo y viniendo de formas impredecibles. Cuando tienen el Espíritu Santo en sus vidas, no están en control. No pueden mandar al Espíritu que venga; tienen que esperarlo y orar por él, como se retrata que hacían los discípulos. Y cuando llega, deben estar listos para moverse de acuerdo a sus indicaciones.

Y el Espíritu es como fuego. Y les advierto, no sólo fuego, sino lenguas de fuego. El Espíritu Santo quien no es nadie más que la comunicación entre el Padre y el Hijo, inspira palabras de fuego: palabras claras, perceptibles e inflexibles en nombre de Jesús. Y esta proclamación es pública, no privada. La primera cosa que los discípulos hacen cuando notan que el fuego ha caído sobre ellos es salir y proclamar el Evangelio.

Mientras rezamos esta decena del Rosario, contemplemos la importancia de este misterio para la vida de la Iglesia de hoy y reflexionemos sobre nuestra misión, para continuar siendo testigos audaces y públicos de Jesucristo.

REFLEXIÓN
(*Opción corta*)

Luego de la Ascensión de Jesús, los discípulos están reunidos en el piso superior, donde el Espíritu Santo desciende sobre ellos, enviándolos —y a nosotros también— con su viento y llamas en misión de evangelización audaz y pública.

PADRE NUESTRO

Padre nuestro, que estás en el cielo,
santificado sea tu Nombre;
venga a nosotros tu reino;
hágase tu voluntad en la tierra como en el cielo.
Danos hoy nuestro pan de cada día;
perdona nuestras ofensas
como también nosotros perdonamos a los que nos ofenden;
no nos dejes caer en la tentación,
y líbranos del mal. Amén.

AVEMARÍA (*diez veces*)

Dios te salve, María, llena eres de gracia;
el Señor es contigo. Bendita Tú eres

entre todas las mujeres,
y bendito es el fruto de tu vientre, Jesús.
Santa María, Madre de Dios,
ruega por nosotros, pecadores,
ahora y en la hora de nuestra muerte. Amén.

GLORIA

Gloria al Padre
y al Hijo
y al Espíritu Santo.
Como era en el principio,
ahora y siempre,
por los siglos de los siglos. Amén.

LA ORACIÓN DE FÁTIMA

Oh Jesús mío, perdona nuestros pecados, líbranos del fuego del infierno, lleva al cielo a todas las almas, especialmente a las más necesitadas de tu misericordia.

Cuarto Misterio Glorioso

La Asunción de María al cielo

La Asunción de María al cielo

REFLEXIÓN
(*Opción larga*)

El *Catecismo de la Iglesia Católica*, citando a *Lumen Gentium*, enseña que "la Virgen Inmaculada, preservada inmune de toda mancha de pecado original, terminado el curso de su vida en la tierra, fue asunta en cuerpo y alma a la gloria del cielo". En otras palabras, María es la primera que participa en la plenitud de la Resurrección de Cristo.

En su gran *Magnificat*, María es la nueva Isaías, la nueva Jeremías, la nueva Ezequiel, ya que ella anuncia con la mayor claridad y gozo la venida del Mesías. Lo que había sido vagamente anticipado en esos grandes personajes proféticos está ahora con claridad en el foco de atención: "Ha hecho sentir el poder de su brazo: dispersó a los de corazón altanero, a los hambrientos los colmó de bienes y a los ricos los despidió sin nada. Acordándose de su misericordia, vino en ayuda de Israel, su siervo, como lo había prometido a nuestros padres, a Abraham y a su descendencia para siempre". No hay nada de mayor fortaleza o mayor hermosura en ninguno de los profetas.

Pero María es más que fortaleza y hermosura; ella es la sin mancha, la discípula perfecta. María, que existe ahora en este otro mundo, no está tanto en otro *lugar* sino de alguna otra *manera*, y esto ayuda a explicar por qué podemos hablar de ella, especialmente en su estado celestial, como intercesora y orante por nosotros.

En esta decena, contemplemos el rol crítico de María en la historia de la salvación, que culmina en su Asunción corporal, que, como la Ascensión de Jesús, nos atrae hacia un mundo más alto.

REFLEXIÓN
(*Opción corta*)

Como la sin mancha y la discípula perfecta, María es asunta —en cuerpo y alma— a la dimensión de Dios. No está tanto en otro *lugar* sino de alguna otra *manera*, e intercede y ora por nosotros en su estado celestial.

PADRE NUESTRO

Padre nuestro, que estás en el cielo,
santificado sea tu Nombre;
venga a nosotros tu reino;
hágase tu voluntad en la tierra como en el cielo.
Danos hoy nuestro pan de cada día;
perdona nuestras ofensas
como también nosotros perdonamos a los que nos ofenden;
no nos dejes caer en la tentación,
y líbranos del mal. Amén.

AVEMARÍA (*diez veces*)

Dios te salve, María, llena eres de gracia;
el Señor es contigo. Bendita Tú eres
entre todas las mujeres,
y bendito es el fruto de tu vientre, Jesús.
Santa María, Madre de Dios,
ruega por nosotros, pecadores,
ahora y en la hora de nuestra muerte. Amén.

GLORIA

Gloria al Padre
y al Hijo
y al Espíritu Santo.
Como era en el principio,
ahora y siempre,
por los siglos de los siglos. Amén.

LA ORACIÓN DE FÁTIMA

Oh Jesús mío, perdona nuestros pecados, líbranos del fuego del infierno, lleva al cielo a todas las almas, especialmente a las más necesitadas de tu misericordia.

Quinto Misterio Glorioso

La coronación de María como Reina y Señora de todo lo creado

La coronación de María como Reina y Señora de todo lo creado

REFLEXIÓN
(*Opción larga*)

El *Catecismo* también nos enseña que María, habiendo sido asunta en cuerpo y alma al cielo, es "enaltecida por Dios como Reina del universo, para ser conformada más plenamente a su Hijo, Señor de los señores y vencedor del pecado y de la muerte".

El reinado de María, sin embargo, está lejos de ser una imagen sentimental. Uno de los grandes puntos de referencia para la coronación de María es el capítulo doce del libro del Apocalipsis. El visionario Juan ve "en el cielo una figura prodigiosa: una mujer envuelta por el sol, con la luna bajo sus pies y con una corona de doce estrellas en la cabeza". Vestida con el sol y con la luna bajo sus pies, ella es un personaje de importancia y poder cósmicos; y coronada, sabemos que es una Reina.

Luego descubrimos que es una Reina madre; porque estaba "a punto de dar a luz y gemía con los dolores del parto". Luego, averiguamos que esta madre y Reina cósmica es también una guerrera: "Pero apareció también en el cielo otra figura: un enorme dragón, color de fuego, con siete cabezas y diez cuernos. . . . El dragón se detuvo delante de la mujer que iba a dar a luz, para devorar a su hijo, en cuanto éste naciera". ¿Qué simboliza el dragón rojo? Originado en referencias al Salmo 89, al profeta Isaías y al libro del Génesis, el dragón rojo es una especie de resumen de todas las fuerzas que se posicionan en contra de Dios y de la intención creadora de Dios para con la raza humana. Se posiciona en contra de la mujer y de su hijo.

Luego de que nace el niño de la mujer, el niño es arrebatado lejos, y entonces una gran guerra irrumpe en el cielo: Miguel y sus ángeles contra el dragón y sus ángeles, y el enemigo es expulsado. Lo que se está representando aquí, en un hermoso lenguaje vívido, es el hecho de que la Reina del Cielo y su Hijo son los vencedores de una gran batalla cósmica. Encarnan la victoria de Dios sobre las fuerzas del caos, la violencia, el odio, la crueldad, la opresión y la injusticia.

Mientras rezamos esta última decena, contemplamos la coronación de María en el cielo —no como una ceremonia sentimental, sino como un misterio dramático y subversivo, la victoria total de Dios en Cristo.

REFLEXIÓN

(*Opción corta*)

Luego de ser asunta en cuerpo y alma al cielo, María es coronada por el Señor como Reina de todas las cosas. Esta no es una ceremonia sentimental, sino un misterio dramático y subversivo, la victoria total de Dios en Cristo.

PADRE NUESTRO

Padre nuestro, que estás en el cielo,
santificado sea tu Nombre;
venga a nosotros tu reino;
hágase tu voluntad en la tierra como en el cielo.
Danos hoy nuestro pan de cada día;
perdona nuestras ofensas
como también nosotros perdonamos a los que nos ofenden;
no nos dejes caer en la tentación,
y líbranos del mal. Amén.

AVEMARÍA (*diez veces*)

Dios te salve, María, llena eres de gracia;
el Señor es contigo. Bendita Tú eres
entre todas las mujeres,
y bendito es el fruto de tu vientre, Jesús.
Santa María, Madre de Dios,
ruega por nosotros, pecadores,
ahora y en la hora de nuestra muerte. Amén.

GLORIA

Gloria al Padre
y al Hijo
y al Espíritu Santo.
Como era en el principio,
ahora y siempre,
por los siglos de los siglos. Amén.

LA ORACIÓN DE FÁTIMA

Oh Jesús mío, perdona nuestros pecados, líbranos del fuego del infierno, lleva al cielo a todas las almas, especialmente a las más necesitadas de tu misericordia.

Los Misterios Gloriosos

ORACIONES FINALES

SALVE

Dios te salve, Reina y Madre de misericordia,
vida, dulzura y esperanza nuestra.
Dios te salve.
A Ti clamamos los desterrados hijos de Eva,
a Ti suspiramos, gimiendo y llorando en este valle de lágrimas.
Ea, pues, Señora Abogada Nuestra,
vuelve a nosotros tus ojos misericordiosos,
y después de este destierro, muéstranos a Jesús,
fruto bendito de tu vientre.
Oh, clemente, oh piadosa, oh dulce Virgen María.
Ruega por nosotros, Santa Madre de Dios,
para que seamos dignos de alcanzar las promesas de Nuestro Señor Jesucristo. Amén

ORACIÓN FINAL

Oh Dios, cuyo Hijo nos obtuvo la salvación eterna
por medio de su vida, muerte y resurrección;
concédenos a quienes meditamos estos misterios
en el Rosario de la Virgen María,
imitar lo que enseña y alcanzar lo que promete.
Por Jesucristo, nuestro Señor. Amén.

LA SEÑAL DE LA CRUZ

En el nombre del Padre, y del Hijo,
y del Espíritu Santo. Amén.

Los Misterios Luminosos

DEL ROSARIO

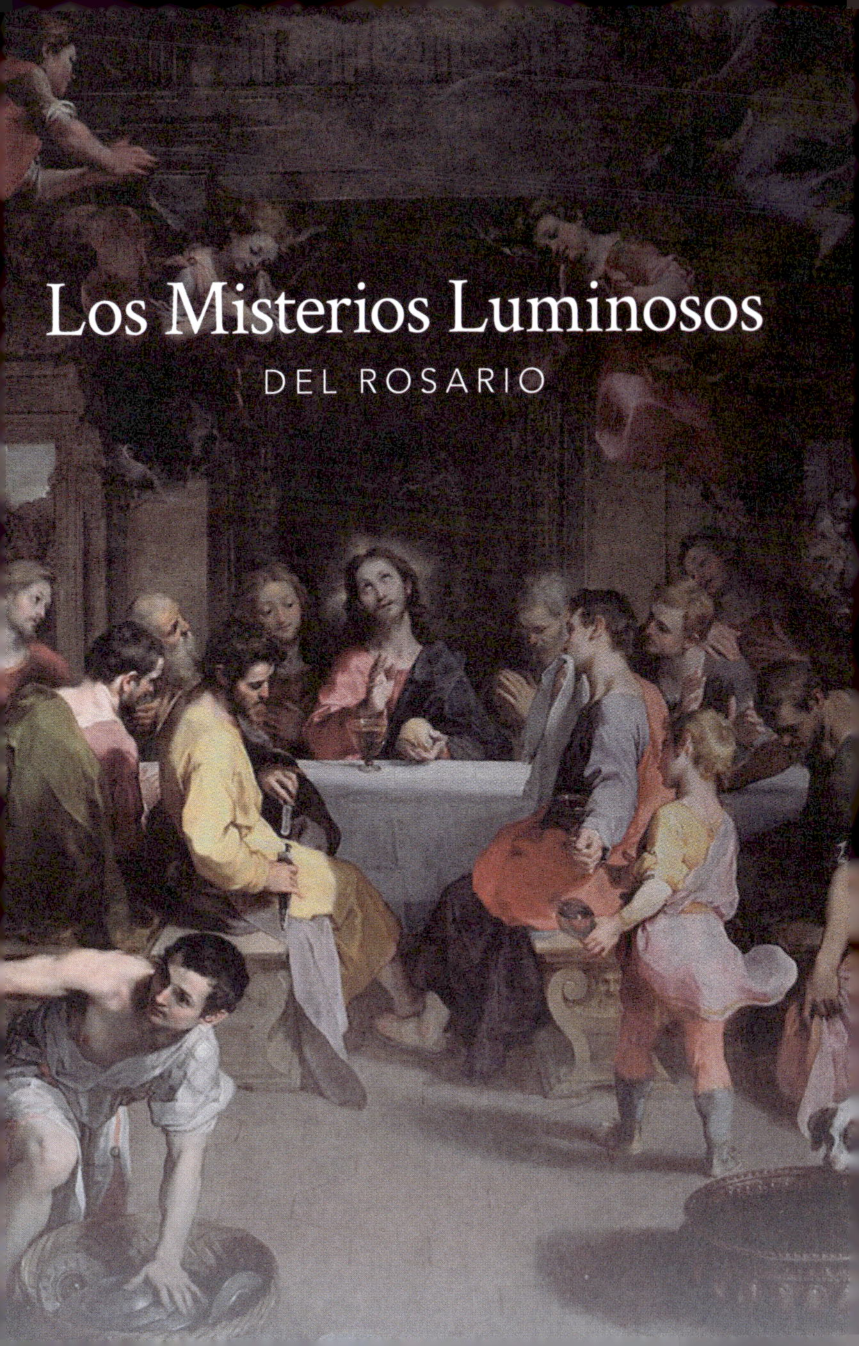

Los Misterios Luminosos

ORACIONES INICIALES

LA SEÑAL DE LA CRUZ

En el nombre del Padre, y del Hijo,
y del Espíritu Santo. Amén.

EL CREDO DE LOS APÓSTOLES

Creo en Dios, Padre Todopoderoso,
Creador del cielo y de la tierra.

Creo en Jesucristo, su único Hijo,
Nuestro Señor,
Que fue concebido por obra y gracia del Espíritu Santo,
nació de Santa María Virgen,
padeció bajo el poder de Poncio Pilato,
fue crucificado, muerto y sepultado,
descendió a los infiernos,
al tercer día resucitó de entre los muertos,
subió a los cielos y está sentado a la derecha de Dios,
Padre todopoderoso.
Desde allí ha de venir
a juzgar a vivos y muertos.

Creo en el Espíritu Santo,
la santa Iglesia católica,
la comunión de los santos,

el perdón de los pecados,
la resurrección de la carne
y la vida eterna.
Amén.

PADRE NUESTRO

Padre nuestro, que estás en el cielo,
santificado sea tu Nombre;
venga a nosotros tu reino;
hágase tu voluntad en la tierra como en el cielo.
Danos hoy nuestro pan de cada día;
perdona nuestras ofensas
como también nosotros perdonamos a los que nos ofenden;
no nos dejes caer en la tentación,
y líbranos del mal. Amén.

AVEMARÍA (*tres veces*)

Dios te salve, María, llena eres de gracia;
el Señor es contigo. Bendita Tú eres
entre todas las mujeres,
y bendito es el fruto de tu vientre, Jesús.
Santa María, Madre de Dios,
ruega por nosotros, pecadores,
ahora y en la hora de nuestra muerte. Amén.

GLORIA

Gloria al Padre y al Hijo y al Espíritu Santo.
Como era en el principio, ahora y siempre,
por los siglos de los siglos. Amén.

Primer Misterio Luminoso

El Bautismo en el Jordán

El Bautismo en el Jordán

REFLEXIÓN
(*Opción larga*)

Qué extraño y escandaloso aparenta ser el bautismo de Jesús. Cristo el Señor, el Mesías, el Hijo de Dios, el Cordero sin mancha que quita los pecados del mundo, recibe él mismo el bautismo de Juan, un bautismo de arrepentimiento. ¿Por qué está Jesús buscando un bautismo de arrepentimiento? La dificultad se refleja en la confusión del Bautista. "Soy yo quien necesita ser bautizado por ti, ¿y vienes tú a mí?". No puede ser cierto que el Señor Jesús sea un pecador, porque si esto fuera cierto, toda la revelación cristiana se deslegitimaría.

Como es habitualmente el caso con la Biblia, lo que aquí tenemos es una llamativa sorpresa. Aún antes de pronunciar ninguna palabra, Jesús está presentando su misión. Mediante este gesto, Dios hace a un lado su gloria y se nos une humildemente en las aguas barrosas de nuestra pecaminosidad. Aunque no tiene pecado, Jesús se para con nosotros. Aunque somos pecadores, Cristo no se mantiene apartado. Jesús dice, "Déjame ahora, así es como debemos cumplir nosotros toda justicia." Cumplir la justicia, en la antigua dispensa, hubiera significado algo como "hacer lo que Dios desea" o "quedar bien con Dios". Dios, sin embargo, en Cristo da un paso más allá. Ahora vemos que "toda justicia" tiene que ver con que Dios está enderezando las cosas con nosotros y para nosotros parándose humildemente con los pecadores que quiere salvar.

Mientras rezamos la primera decena, contemplemos nuestro propio bautismo, que nos une al Cordero de Dios, que quita los pecados del mundo.

REFLEXIÓN
(*Opción corta*)

Jesús, el Cordero de Dios sin mancha, viene a recibir un bautismo de arrepentimiento de Juan. En este gesto imponente, Dios se nos une humildemente en las aguas barrosas de nuestra pecaminosidad.

PADRE NUESTRO

Padre nuestro, que estás en el cielo,
santificado sea tu Nombre;
venga a nosotros tu reino;
hágase tu voluntad en la tierra como en el cielo.
Danos hoy nuestro pan de cada día;
perdona nuestras ofensas
como también nosotros perdonamos a los que nos ofenden;
no nos dejes caer en la tentación,
y líbranos del mal. Amén.

AVEMARÍA (*diez veces*)

Dios te salve, María, llena eres de gracia;
el Señor es contigo. Bendita Tú eres
entre todas las mujeres,
y bendito es el fruto de tu vientre, Jesús.
Santa María, Madre de Dios,
ruega por nosotros, pecadores,
ahora y en la hora de nuestra muerte. Amén.

GLORIA

Gloria al Padre
y al Hijo
y al Espíritu Santo.
Como era en el principio,
ahora y siempre,
por los siglos de los siglos. Amén.

LA ORACIÓN DE FÁTIMA

Oh Jesús mío, perdona nuestros pecados, líbranos del fuego del infierno, lleva al cielo a todas las almas, especialmente a las más necesitadas de tu misericordia.

Segundo Misterio Luminoso

Las bodas de Caná

Las bodas de Caná

REFLEXIÓN
(*Opción larga*)

Las bodas son un símbolo bíblico consistente de la unión mística entre Dios y su pueblo. Dios quiere casarse con su pueblo Israel, porque lo ama apasionadamente. Los quiere llenar con su propia vida, consumando el casamiento, si se quiere. Ahora, ¿cuál es el cumplimiento de esta profecía? Nada más que la Encarnación, cuando una naturaleza divina y una naturaleza humana se juntan en la unidad de una persona divina para formar un matrimonio entre Dios e Israel. Jesús es la boda del cielo y la tierra, el matrimonio de la divinidad con la humanidad; es el Novio y la Iglesia es la Novia. En Él se logra la unión más íntima entre Dios y el mundo.

En esta boda, Jesús convierte 180 galones de agua en el vino de la vida divina —¡una borrachera de gracia! Cuando se nos infunde la gracia divina, cuando estamos casados con Dios, la vida nunca se acaba.

Para esta decena, consideremos el gran misterio de la propia fiesta de bodas de Cristo, la abundancia de la gracia divina que le llega a Israel y a toda la humanidad a través de la Encarnación.

REFLEXIÓN
(*Opción corta*)

En la fiesta de bodas de Caná, Jesús convierte 180 galones de agua en el vino de la vida divina —¡una borrachera de gracia! Cuando se nos infunde la gracia divina, cuando estamos casados con Dios, la vida nunca se acaba.

PADRE NUESTRO

Padre nuestro, que estás en el cielo,
santificado sea tu Nombre;
venga a nosotros tu reino;
hágase tu voluntad en la tierra como en el cielo.
Danos hoy nuestro pan de cada día;
perdona nuestras ofensas
como también nosotros perdonamos a los que nos ofenden;
no nos dejes caer en la tentación,
y líbranos del mal. Amén.

AVEMARÍA (*diez veces*)

Dios te salve, María, llena eres de gracia;
el Señor es contigo. Bendita Tú eres
entre todas las mujeres,
y bendito es el fruto de tu vientre, Jesús.
Santa María, Madre de Dios,
ruega por nosotros, pecadores,
ahora y en la hora de nuestra muerte. Amén.

GLORIA

Gloria al Padre
y al Hijo
y al Espíritu Santo.
Como era en el principio,
ahora y siempre,
por los siglos de los siglos. Amén.

LA ORACIÓN DE FÁTIMA

Oh Jesús mío, perdona nuestros pecados, líbranos del fuego del infierno, lleva al cielo a todas las almas, especialmente a las más necesitadas de tu misericordia.

Tercer Misterio Luminoso

El anuncio del Reino de Dios

El anuncio del Reino de Dios

REFLEXIÓN

(*Opción larga*)

Las primeras palabras que salen de la boca de Jesús en el evangelio de Marcos son un llamado a la conversión: "El reino de Dios está cerca. Arrepiéntanse y crean en la Buena Noticia". Miremos en mayor detalle la invitación que Cristo nos ofrece.

Primero, *arrepiéntanse.* Noten que la vida, la predicación y la misión de Jesús está fundamentada sobre el supuesto de que no todo está bien en nosotros. Una religión de salvación no tiene ningún sentido si todos estamos básicamente bien, si todo lo que necesitamos es un poco de aseo en la superficie. Los santos cristianos son aquellos que pueden soportar la revelación espantosa de que el pecado no es simplemente una abstracción o algo con lo que luchan las otras personas sino un poder que acecha y opera sobre ellos.

Segundo, *crean en la Buena Noticia.* Algo aquí se está completando. ¿Qué es? Es la historia misma de Israel. Jesús consuma en su persona el Antiguo Testamento entero y por esta razón su presencia es tan convincente y seguirlo es de crucial importancia. La Buena Noticia es él mismo, y es tiempo de tomar una decisión. Cuando Jesús nos llama, tenemos que responder: el momento es ahora.

Mientras rezamos esta decena, contemplemos la proclamación de Jesús de la venida del reino como la irrupción de un nuevo mundo, uno que nos manda cambiar nuestro modo de pensar y actuar.

REFLEXIÓN

(Opción corta)

Las primeras palabras de Jesús en el evangelio de Marcos son: "El reino de Dios está cerca. Arrepiéntanse y crean en la Buena Noticia". Esta proclamación es la irrupción de un nuevo mundo, uno que cambia nuestro modo de pensar y actuar.

PADRE NUESTRO

Padre nuestro, que estás en el cielo,
santificado sea tu Nombre;
venga a nosotros tu reino;
hágase tu voluntad en la tierra como en el cielo.
Danos hoy nuestro pan de cada día;
perdona nuestras ofensas
como también nosotros perdonamos a los que nos ofenden;
no nos dejes caer en la tentación,
y líbranos del mal. Amén.

AVEMARÍA (*diez veces*)

Dios te salve, María, llena eres de gracia;
el Señor es contigo. Bendita Tú eres
entre todas las mujeres,
y bendito es el fruto de tu vientre, Jesús.
Santa María, Madre de Dios,
ruega por nosotros, pecadores,
ahora y en la hora de nuestra muerte. Amén.

GLORIA

Gloria al Padre
y al Hijo
y al Espíritu Santo.
Como era en el principio,
ahora y siempre,
por los siglos de los siglos. Amén.

LA ORACIÓN DE FÁTIMA

Oh Jesús mío, perdona nuestros pecados, líbranos del fuego del infierno, lleva al cielo a todas las almas, especialmente a las más necesitadas de tu misericordia.

Cuarto Misterio Luminoso

La Transfiguración

La Transfiguración

REFLEXIÓN
(*Opción larga*)

Jesús sube la montaña con Pedro, Santiago y Juan. Este hombre en apariencia ordinario de Nazaret, este hermano de ellos, este sujeto israelita, es transfigurado delante de ellos, con su cara brillando como el sol y sus ropas volviéndose blancas como la luz. El término griego detrás de nuestra palabra "transfiguración" es *metamorphoō* (ir más allá de la forma que se tiene). Viene a la mente la metamorfosis de una oruga. Este Jesús ordinario —y no hay indicación de que hubieran perdido de vista quién era— de alguna manera se ha transformado, elevado, realzado en su forma de ser.

Lo primero que notamos es que su apariencia se volvió más hermosa. Una de las características clásicas de la belleza es la *claritas* o brillo. Su rostro "alumbraba" y sus vestidos se volvieron "blancos como la luz". La cercanía de su divinidad no compromete de modo alguno la integridad de su humanidad sino que la hace brillar en mayor belleza. Estos cuerpos nuestros de alguna manera sucios —cuya belleza dura un momento fugaz— están destinados a una belleza transfigurada, elevada.

Segundo, en su estado transfigurado, Jesús trasciende el espacio y tiempo, pero en el cielo, viviremos en el eterno ahora de la vida de Dios: una vida más elevada, rica, más hermosa, y espiritualmente gratificante nos espera.

En esta decena, reflexionen sobre cómo el misterio de la Transfiguración no revela sólo quién es Cristo; revela quiénes estamos llamados a ser nosotros, los pecadores: hijos e hijas eternos del Dios viviente.

REFLEXIÓN
(Opción corta)

Jesús sube la montaña con Pedro, Santiago y Juan, y es hermosamente transfigurado delante de ellos. Esto no revela sólo quién es Cristo sino quiénes estamos llamados a ser nosotros, los pecadores: hijos e hijas eternos del Dios viviente.

PADRE NUESTRO

Padre nuestro, que estás en el cielo,
santificado sea tu Nombre;
venga a nosotros tu reino;
hágase tu voluntad en la tierra como en el cielo.
Danos hoy nuestro pan de cada día;
perdona nuestras ofensas
como también nosotros perdonamos a los que nos ofenden;
no nos dejes caer en la tentación,
y líbranos del mal. Amén.

AVEMARÍA *(diez veces)*

Dios te salve, María, llena eres de gracia;
el Señor es contigo. Bendita Tú eres
entre todas las mujeres,
y bendito es el fruto de tu vientre, Jesús.
Santa María, Madre de Dios,
ruega por nosotros, pecadores,
ahora y en la hora de nuestra muerte. Amén.

GLORIA

Gloria al Padre
y al Hijo
y al Espíritu Santo.
Como era en el principio,
ahora y siempre,
por los siglos de los siglos. Amén.

LA ORACIÓN DE FÁTIMA

Oh Jesús mío, perdona nuestros pecados, líbranos del fuego del infierno, lleva al cielo a todas las almas, especialmente a las más necesitadas de tu misericordia.

Quinto Misterio Luminoso

La institución de la Eucaristía

La institución de la Eucaristía

REFLEXIÓN
(*Opción larga*)

Jesús pide a sus discípulos que vayan a Jerusalén y preparen la cena de la Pascua judía. La Eucaristía es en primer lugar, la gran comida de hermandad que Dios quiere instituir con su pueblo, el vínculo gozoso en el cual la vida divina es compartida espiritual y físicamente con un mundo hambriento.

Sin embargo, en un mundo caído, esta comunión es imposible sin sacrificio. En el corazón de la cena de la Pascua judía se comía el cordero sacrificado en rememoración de los corderos de la Pascua original con cuya sangre se habían pintado los marcos de las puertas de los israelitas en Egipto. Convirtiendo su Última Cena en una comida de Pascua, Jesús estaba señalando el cumplimiento de la profecía de Juan el Bautista de que él, Jesús, sería el Cordero de Dios definitivo. Este énfasis se vuelve incluso más claro cuando meditamos en la imagen de los discípulos bebiendo la sangre de Jesús de una copa. Cuando alguien venía al templo a ofrecer sacrificios, cortaba el cuello del animal, y un sacerdote recogía la sangre de la víctima en una copa antes de llevarla dentro para la ofrenda. La implicanción es clara: Jesús se refiere a su propia sangre derramada para el perdón de los pecados.

Luego de bendecir y partir el pan ácimo de la comida de la Pascua, Jesús pronunció estas palabras: "Tomen y coman; esto es mi cuerpo". La afirmación central de la Iglesia Católica es que Jesús está substancialmente presente bajo las formas de pan y vino, y que en este sacrificio definitivo se hace sacramentalmente presente en cada Misa. Su presencia no es simplemente evocativa y simbólica, sino que es verdadera, real, substancial. Si Jesús fuera simplemente un ser humano común, sus palabras tendrían, cuanto mucho, una resonancia simbólica. Pero Jesús es Dios, y lo que Dios dice, es.

Mientras rezamos esta decena final, meditemos la institución de la Eucaristía de Cristo como una gran comida de hermandad, el sacrificio definitivo, y la Presencia Real bajo las formas de pan y vino. La Eucaristía es el Señor Jesús mismo.

REFLEXIÓN
(Opción corta)

Jesús instituye el sacrificio definitivo de la Eucaristía en el corazón de una cena Pascual, haciéndose presente real y verdaderamente bajo las formas de pan y vino.

PADRE NUESTRO

Padre nuestro, que estás en el cielo,
santificado sea tu Nombre;
venga a nosotros tu reino;
hágase tu voluntad en la tierra como en el cielo.
Danos hoy nuestro pan de cada día;
perdona nuestras ofensas
como también nosotros perdonamos a los que nos ofenden;
no nos dejes caer en la tentación,
y líbranos del mal. Amén.

AVEMARÍA *(diez veces)*

Dios te salve, María, llena eres de gracia;
el Señor es contigo. Bendita Tú eres

entre todas las mujeres,
y bendito es el fruto de tu vientre, Jesús.
Santa María, Madre de Dios,
ruega por nosotros, pecadores,
ahora y en la hora de nuestra muerte. Amén.

GLORIA

Gloria al Padre
y al Hijo
y al Espíritu Santo.
Como era en el principio,
ahora y siempre,
por los siglos de los siglos. Amén.

LA ORACIÓN DE FÁTIMA

Oh Jesús mío, perdona nuestros pecados, líbranos del fuego del infierno, lleva al cielo a todas las almas, especialmente a las más necesitadas de tu misericordia.

ORACIONES FINALES

SALVE

Dios te salve, Reina y Madre de misericordia,
vida, dulzura y esperanza nuestra.
Dios te salve.
A Ti clamamos los desterrados hijos de Eva,
a Ti suspiramos, gimiendo y llorando en este valle de lágrimas.
Ea, pues, Señora Abogada Nuestra,
vuelve a nosotros tus ojos misericordiosos,
y después de este destierro, muéstranos a Jesús,
fruto bendito de tu vientre.
Oh, clemente, oh piadosa, oh dulce Virgen María.
Ruega por nosotros, Santa Madre de Dios,
para que seamos dignos de alcanzar las promesas de Nuestro Señor Jesucristo. Amén

ORACIÓN FINAL

Oh Dios, cuyo Hijo nos obtuvo la salvación eterna
por medio de su vida, muerte y resurrección;
concédenos a quienes meditamos estos misterios
en el Rosario de la Virgen María,
imitar lo que enseña y alcanzar lo que promete.
Por Jesucristo, nuestro Señor. Amén.

LA SEÑAL DE LA CRUZ

En el nombre del Padre, y del Hijo,
y del Espíritu Santo. Amén.

Viendo a María como lo que es

Matt Nelson

La gente trata las cosas de acuerdo con lo que piensa que son. La primera prueba de que alguien está cuerdo es si ve o no lo que realmente está ahí. La segunda prueba de cordura es si esa persona actúa de acuerdo con esa realidad. Lo que vemos y cómo actuamos determina en última instancia si vivimos "en el mundo real" o no.

María es una persona real: es tu madre y la mía. Tómate un momento para pensarlo. Sabes que es así ¿Pero vives como si lo supieras? ¿Ves y tratas a María *como lo que realmente es?*

Me temo que a menudo yo no. Reconozco que muchas veces me sorprendo estudiando y contemplando los dogmas marianos, pero olvidándome de María misma. Deberíamos ver a María e interactuar con ella como lo que es: nuestra madre. O sea, deberíamos verla como una persona y no como un dogma.

Hace años regresé a la Iglesia después de mucho tiempo lejos de ella. No había pasado mucho tiempo desde mi retorno, cuando descubrí un programa radiofónico de llamadas llamado Catholic Answers Live. Uno de los primeros recuerdos que tengo del programa (el cual se convertiría en esencial para mi formación intelectual: no es sólo un programa, sino que, por ondas de radio, es un aula portátil) es una llamada que trataba justamente sobre María. El apologista converso Steve Ray era el invitado. Respondiendo la pregunta de la audiencia, Steve se refirió al evangelio de san Lucas, y señaló que Lucas habría tenido que sentarse cara a cara con María misma para conocer los detalles que con tanto celo narra en su evangelio. (También es preciso notar que, en su prólogo, se propone escribir un "relato ordenado" de eventos reales.) Esa afirmación —que Lucas tuvo que oír la voz de la Virgen para escribir lo que escribió— fue un gran descubrimiento para mí, que apuntaba a la veracidad de los evangelios. Más aún, a la veracidad de sus personajes. La grandeza de los evangelios en oposición a, por decir algo, *El señor de los anillos*, es que los personajes de los evangelios *viven hoy*.

Imagina sentarte cara a cara con María como Lucas. Éste registra detalles sobre lo que María *sentía y pensaba* durante su encuentro con el ángel Gabriel. También nos cuenta que después de la visita de los pastores tras el nacimiento de Jesús, María "ponderaba en su corazón" lo que ocurría. ¿Cómo pudo Lucas saber todo esto sin haberlo oído de primera mano? Lucas realmente tuvo que haberse entrevistado con María, haberla visto a los ojos y escuchado con ferviente atención aquella dulce voz que recorría esos eventos tal cual los recordaba. Y es cosa segura que ella los recordaría con impecable claridad.

Sabes quién fue María gracias a Lucas, pues su evangelio revela la profunda intuición que de ella tenían él y la Iglesia primitiva. Pero de nuevo ¿Quién es María para ti ahora?

No puedes amar aquello que no conoces, y cada cosa nueva que aprendes sobre alguien es algo nuevo que amar. Por eso crecer en conocimiento es clave en la vida cristiana. Pero cuando adquirir conocimiento se convierte en una meta por sí misma, y no en un medio que culmina en el amor, entonces tenemos un problema. De nuevo, María es una persona y no un dogma. Los dogmas marianos describen a María, pero no son *ella*.

Permítanme que me desvíe un momento. La doctrina son las enseñanzas colectivas de la Iglesia sobre fe y moral. Pero, claro está, hay diferentes niveles en la enseñanza de la Iglesia. Así, los dogmas son doctrinas que han sido definidas por la Iglesia de modo infalible. Los dogmas no son creados por la Iglesia. Son verdades eternas reveladas por Dios a través de Ella. Todos los dogmas son doctrina, pero no toda doctrina es dogma, porque no toda doctrina alcanza ese nivel infalible de certidumbre.

Stephen Hawking cree en el comienzo del universo, pero no cree que Dios lo haya creado. Piensa más bien que nadie lo hizo. Escribe: "Porque hay una ley como la gravedad, el universo puede y se creará a sí mismo de la nada". Pero solo las personas crean, las leyes no hacen nada. Son solo descripciones y nada más. Los dogmas son más de lo mismo. Es por eso por lo que debemos amar a la persona antes que al dogma.

Dios nos ha dicho mucho sobre María a través de la Iglesia; por lo tanto, hay algunas cosas que podemos saber de ella dogmáticamente. Nació sin pecado original y llena de gracia, y en consecuencia fue preservada de todo pecado a partir de entonces. También fue la madre de Jesús, que fue Dios desde siempre y en todas partes —incluso, por supuesto, cuando estaba en el seno de María— y por ello recibe justamente el título de Madre de Dios o *Theotokos* (la que dio a luz a Dios). Estos ejemplos (aunque hay más) de dogmas marianos, a pesar de que fueron comunicados por la Iglesia en diferentes momentos a lo largo de la historia, reflejan la enseñanza constante de la Iglesia cristiana desde los tiempos más tempranos.

María es una persona, como todos los santos. Creemos, junto con los cristianos de veinte siglos, que los santos están dotados de una gracia especial para interceder por nosotros ante el trono de Dios en el cielo (ver Ap 5). Los santos son una "verdadera nube de testigos"

(He 12, 1) que no desean ser meros espectadores, sino involucrarse personalmente en nuestras vidas como intercesores y amigos. Nunca nos sentaremos a la mesa con tipos como Frodo o Peter Pan, pero sí con amigos como san José, el beato Pier Giorgio Frassati, san Juan María Vianney y María. La invitación ha sido enviada y la mesa está puesta. Es una oportunidad real, y el precio para entrar es un amor perseverante y decorado por misericordia hasta el último aliento. Esto no es fantasía; es más real que la realidad que conocemos.

Más aún, María ocupa un lugar especial en nuestras vidas que excede el de cualquier otro santo: es nuestra intercesora, amiga y *madre*. La tradición de tener a María como madre espiritual de los vivientes —esto es, tuya y mía— tiene sus orígenes en la cruz de Cristo. "Ahí tienes a tu madre", le dijo Jesús a Juan, quien estaba junto a María ante el Salvador ensangrentado (Jn 19,27). Esto tiene consecuencias inmediatas, pues Jesús estaba a punto de morir y no tenía hermanos según la sangre para que se hicieran cargo de su amada madre; así que escogió al "discípulo amado" para acoger a su madre y cuidarla. A las puertas de la muerte, cada aliento es precioso y contado; nuestro Señor se afanó por decirle estas palabras directamente a Juan, y Juan se aseguró de apuntarlas. Pero las palabras "Ahí tienes a tu madre" que Jesús le dijo a Juan también fueron dichas, a un nivel más profundo, a toda la humanidad; y guiada por el Espíritu Santo, la Iglesia lo ha mantenido siempre (ver 1 Tim 3,15). Ahí en la cruz, Jesús le da su madre a san Juan —y a nosotros también— para que también nosotros estemos bajo su protección y recibamos su guía y ayuda. El momento de la adopción a los pies de la cruz es un clímax, como san Juan atestigua con el verso siguiente: "Después de esto . . . Jesús supo que todo estaba cumplido" (Jn 19,28). San Ambrosio, hacia el final del siglo cuarto, escribió, "Nuestra carne fue expulsada del Paraíso por un hombre y una mujer; fue unida a Dios a través de una

Virgen. . . . Eva es llamada la madre de la raza humana, pero María es la Madre de la salvación".

Así como podemos llamar a Eva nuestra primera madre "en el principio", así también María puede ser vista como nuestra madre eterna desde este nuevo principio y en adelante. San Ireneo escribe, "Así como Eva que, teniendo realmente un esposo, Adán, era sin embargo todavía una virgen . . . habiendo desobedecido, fue hecha causa de muerte, tanto para ella como para la raza humana entera; así también María, que estando comprometida a un hombre y era, a pesar de ello, virgen, por ser obediente, se convirtió en causa de salvación, tanto para ella como para la raza humana entera. . . . Y así fue como también el nudo de la desobediencia de Eva fue desatado por la obediencia de María".

María cumple perfectamente lo que Eva no pudo cumplir: la voluntad de Dios. Ella desentrama lo que Eva había enredado. Es perfecta por dentro y por fuera, es la verdadera Arca de la Alianza. El arca de la alianza original era aquel cofre sagrado donde se guardaban las tablas de piedra con los diez mandamientos, el maná milagroso de los israelitas y la vara de Aarón que había florecido milagrosamente (He 9, 4). El arca era tan sagrada que si alguien la tocaba moría (ver 2 Sam 6, 7). Era, en cierto sentido, perfecta: diseñada por Dios, hecha de madera imperecedera de acacia y bañada por dentro y fuera con oro puro. No es de sorprender, pues, que María terminase siendo reconocida por la Iglesia primitiva como la nueva Arca de la Alianza.

María, en claro paralelismo con el arca, portó a la Palabra de Dios (las tablas de la ley), al Pan de Vida (el maná) y al Sumo Sacerdote (la vara de Aarón). Ella era el vaso sagrado que había sido cubierto por el Espíritu Santo (Lc 1, 35). San Lucas también muestra a María como el Arca de la Nueva Alianza. Con el capítulo 6 del libro de Samuel en mente, san Lucas describe qué pasa cuando María, recién embarazada, se aventura a la casa de su prima Isabel, quien estaba embarazada de Juan el Bautista. Isabel saluda a María diciendo, "Bendita entre las mujeres y bendito es el fruto de tu vientre". Al oír la voz de María, Juan "saltó" en el vientre de su madre (Lc 1, 42-44). No hace falta que dirijamos la mirada a los Padres de la Iglesia para probar que María era honrada por los primeros cristianos con una profunda reverencia (aunque podríamos hacerlo); el evangelio de Lucas habla por sí solo.

María es una persona, viva hoy y glorificada. Es nuestra madre y lo será por la eternidad. Nos ama a ti y a mí más de lo que podremos comprender jamás. Como Frank Sheed recalcaba, no se puede amar lo que no se conoce. ¡Así que ponte a conocer mejor a María! Lee buenos libros sobre ella. Reza el Rosario cada día y medita de verdad en los misterios. Ve la vida de Cristo a través de los ojos de María. Y, sobre todo, habla con ella y pídele su intercesión a menudo, con simples y pequeñas peticiones, del mismo modo que lo harías con tu madre terrena. María siempre está escuchando y actúa. Como ha escrito san Juan María Vianney, "María solo podrá descansar después del Juicio Final; hasta entonces, está muy ocupada cuidando a sus hijos".

Lista de Arte

Los Misterios Gozosos

15 Orazio Gentileschi, *The Annunciation,* 1623, oil on canvas, 112.5 × 77.1 in., Galleria Sabauda, Turin, Italy, Wikimedia Commons, public domain.

19 Arthur Hacker, *The Annunciation,* 1892, oil on canvas, 91 × 49.5 in., Tate Britian, London, England, Wikimedia Commons, public domain.

23 José Moreno, *La Visitación,* 1662, oil on canvas, 72.8 × 51.9 in., Museo de Burgos, Burgos, Spain, Wikimedia Commons, public domain.

27 Fritz von Uhde, *Die Heilige Nacht (Triptychon),* 1888, oil on canvas, 52.9 × 46 in., Staatliche Kunstsammlungen Dresden, Dresden, Germany, Wikimedia Commons, public domain.

31 Arent de Gelder, *Simeon's Song of Praise,* 1700, oil on canvas, 37.2 × 42.3 in., Royal Picture Gallery Mauritshuis, the Hague, Netherlands, Wikimedia Commons, public domain.

35 Circle of Jusepe de Ribera, *Jesus among the Doctors,* 1630, oil on canvas, 50.7 × 68.8 in., Kunsthistorisches Museum, Vienna, Austria, Wikimedia Commons, public domain.

Los Misterios Dolorosos

41 Titian, *Christ Carrying the Cross,* 1565, oil on canvas, 26.3 × 30.3 in., Museo Nacional del Prado, Madrid, Spain, Wikimedia Commons, public domain.

45 George Richmond, *The Agony in the Garden of Gethsemane,* 1858, oil on canvas, 41.73 × 45.98 in., Yale Center for British Art, New Haven, CT, Wikimedia Commons, public domain.

49 Peter Paul Rubens, *Flagellation of Christ,* 1617, oil on canvas, 87.4 × 64.5 in., Church of St. Paul, Antwerp, Belgium, Wikimedia Commons, public domain.

53 Dirck van Baburen, *Christ Crowned with Thorns,* 1621, oil on canvas, 51.375 × 67.375 in., Nelson-Atkins Museum of Art, Kansas City, Wikimedia Commons, public domain.

57 Juan de Valdés Leal, *Cristo camino del Calvario,* 1661, oil on canvas, 65.7 × 57 in., Museo Nacional del Prado, Madrid, Spain, Wikimedia Commons, public domain.

61 Eugène Delacroix, *Christ on the Cross,* 1846, oil on canvas, 31.4 × 25.2 in., Walters Art Museum, Baltimore, Wikimedia Commons, public domain.

Los Misterios Gloriosos

67 Lorenzo Lotto, *Christ Giving His Blood,* 1543, oil on poplar wood, 19.7 × 12.6 in., Kunsthistorisches Museum, Vienna, Austria, Wikimedia Commons, public domain.

71 Léonard Limousin, *The Resurrection, central panel of an altarpiece,* 1553, painted enamel on copper, 41.7 × 29.1 in., Musée du Louvre, Paris, France, Wikimedia Commons, public domain.

75 Benjamin West, *The Ascension*, 1801, oil on canvas, 49.5 × 34 in., Denver Art Museum, Denver, Wikimedia Commons, public domain.

79 Juan Bautista Mayno, *Pentecostés*, 1612, oil on canvas, 112.2 × 64.1 in., Museo Nacional del Prado, Madrid, Spain, Wikimedia Commons, public domain.

83 Nicolas Poussin, *Assumption of the Virgin*, 1630, oil on canvas, 52.9 × 38.6 in., National Gallery of Art, Washington, DC, Wikimedia Commons, public domain.

87 Diego Velázquez, *Coronation of the Virgin*, 1635, oil on canvas, 70.2 × 52.9 in., Museo Nacional del Prado, Madrid, Spain, Wikimedia Commons, public domain.

Los Misterios Luminosos

93 Federico Barocci, *Ultima Cena*, 1590, oil on canvas, 117.7 × 126.8 in., Duomo di Urbino, Urbino, Italy, Wikimedia Commons, public domain.

97 Hendrik de Clerck and Hans Rottenhammer, *Baptism of Christ*, 17th century, oil on copper, 11.6 × 14.8 in., Royal Museum of Fine Arts Antwerp, Antwerp, Belgium, Wikimedia Commons, public domain.

101 Андрей Николаевич Миронов (A.N. Mironov), *Marriage in Cana*, 2017, oil on canvas, 43.3 × 55.1 in., Ryazan, Russia, Wikimedia Commons, CCA-SA 4.0.

105 Carl Bloch, *The Sermon on the Mount*, 1877, oil on copper, 40.9 × 36.2 in., Museum of National History, Hillerød, Denmark, Wikimedia Commons, public domain.

109 Theophanes the Greek, *The Saviour's Transfiguration*, 1403, tempera on wood, 72.4 × 52.75 in., Tretyakov Gallery, Moscow, Russia, Wikimedia Commons, public domain.

113 Peter Paul Rubens, *Last Supper,* 1631, oil on canvas, 119.6 × 98.4 in., Pinacoteca di Brera, Milan, Italy, Wikimedia Commons, public domain.